PETITE GRAMMAIRE DES ÉCOLES

RENFERMANT

LE SYSTÈME COMPLET DE LA CONJUGAISON FRANÇAISE

ET 250 EXERCICES GRADUÉS

D'ANALYSE, D'ORTHOGRAPHE ET D'APPLICATION DES RÈGLES GRAMMATICALES

PAR M. GUÉRARD

Agrégé de l'Université, Directeur des études à Sainte-Barbe
Chevalier de la Légion d'honneur.

NOUVELLE ÉDITION

> La métaphysique ne convient pas aux enfants.
>
> LHOMOND.

PARIS
CH. DELAGRAVE ET Cie, LIBRAIRES-ÉDITEURS
58, RUE DES ÉCOLES, 58
A BRUXELLES, 25, RUE DE LA MADELEINE

PETITE

GRAMMAIRE DES ÉCOLES

RENFERMANT

LE SYSTÈME COMPLET DE LA CONJUGAISON FRANÇAISE

ET 250 EXERCICES GRADUÉS

D'ANALYSE, D'ORTHOGRAPHE ET D'APPLICATION DES RÈGLES GRAMMATICALES

PAR M. GUÉRARD

Agrégé de l'Université

PRÉFET DES ÉTUDES AU COLLÉGE SAINTE-BARBE

Chevalier de la Légion d'honneur

Ouvrage extrait de la Grammaire et Compléments autorisée par S. Exc. le Ministre de l'Instruction publique.

La métaphysique ne convient point aux enfants. LHOMOND.

PARIS

ANCIENNE MAISON DEZOBRY, E. MAGDELEINE ET Cie

CH. DELAGRAVE ET Cie, LIBRAIRES-ÉDITEURS

58, RUE DES ÉCOLES, 58

1872

Tout exemplaire de cet ouvrage non re[illegible] de notre griffe, sera réputé contrefait.

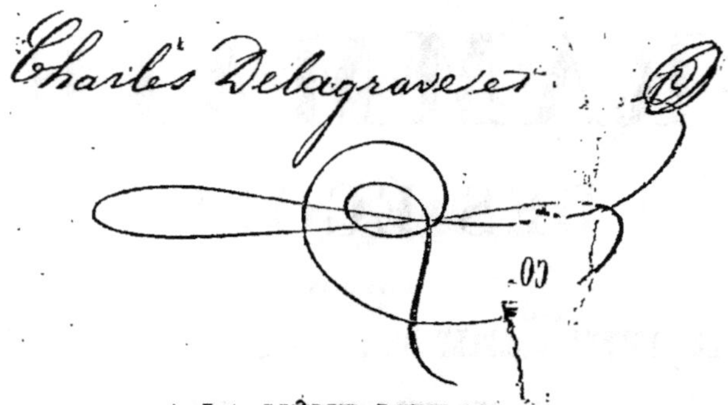

A LA MÊME LIBRAI[illegible]

DICTIONNAIRE GÉNÉRAL DE [illegible] LANGUE FRANÇAISE, comprenant : 1° tous les termes littérair[illegible] [illegible]u langage usuel, avec leur sens propre et leur sens figuré ; 2° [illegible]ulaire des principaux termes usités dans les sciences et dans le[illegible] [illegible] (mathématiques, astronomie, physique, chimie, histoire naturelle, botanique, géologie, architecture, etc.) ; 3° un dictionnaire biogra[illegible]ique et mythologique, ou dictionnaire des noms propres de saints personnages, de divinités fabuleuses, de personnes qui ont marqué dans l'histoire ou qui se sont illustrées dans les lettres, dans les sciences ou dans les arts ; 4° un dictionnaire de géographie ancienne et moderne ; — indiquant : 1° la prononciation figurée, dans les cas exceptionnels ou douteux ; 2° les étymologies propres à déterminer et à rappeler le sens précis des termes scientifiques, et terminé par une liste des citations ou locutions latines, italiennes ou anglaises, le plus fréquemment employées par les Français dans leurs conversations ou dans leurs écrits ; par M. *Guérard*, préfet des études au collège Sainte-Barbe, et *Sardou*, professeur de langue française à l'école Ottomane. 1 vol. in-16 raisin.

Prix, cartonnage ordinaire	2	60
— — anglais en percaline gaufrée	3	»

DICTIONNAIRE ABRÉGÉ DE LA LANGUE FRANÇAISE, comprenant : 1° tous les termes littéraires et ceux du langage usuel, avec leur sens propre et leur sens figuré ; 2° un vocabulaire des principaux termes usités dans les sciences et dans les arts ; 3° un dictionnaire biographique et mythologique, ou dictionnaire des noms propres ; 4° un dictionnaire de géographie ancienne et moderne ; — indiquant la prononciation figurée, dans les cas exceptionnels ou douteux, et terminé par une liste des citations ou locutions latines, italiennes ou anglaises, le plus fréquemment employées par les Français dans leurs conversations ou dans leurs écrits ; par M. *Guérard*, préfet des études au collège Sainte-Barbe, et *Sardou*, professeur de langue française à l'école Ottomane. 1 vol. in-18 carré.

Prix, cartonnage ordinaire	2	»
— — anglais en percaline gaufrée	2	25

Typographie Lahure, rue de Fleurus, 9, à Paris.

AVERTISSEMENT.

A la demande d'un grand nombre d'instituteurs, nous publions aujourd'hui cette *Petite Grammaire*, rédigée principalement pour les élèves des Écoles primaires, mais qui peut servir également à tous ceux des classes élémentaires dans les lycées, les colléges, les petits séminaires et les pensions.

Nous avons essayé de faire un livre qui, pour l'immense majorité des enfants, pût amplement suffire aux études élémentaires de la langue maternelle ; de telle sorte qu'ils n'eussent besoin d'aucun autre livre pour apprendre l'orthographe et acquérir les connaissances grammaticales réellement indispensables pour chacun d'eux.

Sachant par expérience combien, dans tout enseignement élémentaire, est importante l'application immédiate des théories, nous avons multiplié les exercices ; et, non content d'en avoir inséré *deux cent cinquante* dans notre *Petite Grammaire* elle-même, nous avons fait un choix de *cent soixante et onze* dictées, réunies dans un volume à l'usage du maître, ce qui porte, par conséquent, à *quatre cent vingt et un* le nombre des Exercices dans lesquels les élèves auront à faire l'application des règles et des théories.

Messieurs les Professeurs et Instituteurs n'ignorent pas de quelle utilité sont les dictées dans les classes ; ils ne sauraient donc méconnaître l'avantage que leur offre un choix de dictées sur chacune des parties de notre Grammaire ainsi que sur les principaux *homonymes*, et qui forment le complément en quelque sorte indispensable des Exercices indiqués dans le livre de l'élève.

Quant au texte même de cette *Petite Grammaire*, nous avons cru devoir reproduire, à très-peu de chose près, celui de notre *Abrégé de Grammaire*, adopté, exclusivement à tout autre ouvrage de ce genre (1), pour l'enseignement grammatical dans les Écoles communales de la ville de Paris, et suivi dans un très-grand nombre de colléges, d'écoles et d'institutions de Paris et des départements.

Dix éditions faites en très-peu d'années à un nombre considérable d'exemplaires, sont pour nous une preuve incontestable que la grammaire élémentaire dont nous parlons atteint parfaitement le but que nous nous étions proposé en la publiant ; aussi avons-nous pensé que nous n'avions rien de mieux à faire que d'en emprunter le texte pour constituer la partie théorique de la *Petite Grammaire des Écoles*.

Mais il ne suffisait pas que cette *Petite Grammaire* fût assez complète, comme théorie et applications, pour dispenser les jeunes élèves de se procurer d'autres livres du même genre ; une condition d'une importance réelle pour le plus grand nombre d'entre eux nous était imposée : *la modicité du prix*. Nous croyons avoir résolu ce problème ; et tout en atteignant pour ainsi dire les dernières limites du bon marché, nous n'avons rien négligé pour que les formes typographiques de notre livre fussent aussi satisfaisantes que celles de tout autre ouvrage destiné à l'enseignement élémentaire.

Nous espérons que nos efforts trouveront leur récompense dans le suffrage et l'appui de Messieurs les Instituteurs. Nous accueillerons toujours avec reconnaissance les observations et les conseils qu'ils croiront pouvoir servir à l'amélioration d'un livre dont le principal but est de rendre plus facile l'exercice de leurs pénibles et honorables fonctions.

(1) Par arrêté de M. le Préfet de la Seine, et sur le rapport d'une Commission spéciale chargée de faire un choix de livres classiques pour les écoles de la Ville.

PETITE

GRAMMAIRE DES ÉCOLES

PREMIÈRE PARTIE

INTRODUCTION

1. — La *Grammaire* est l'art de parler et d'écrire correctement ou sans fautes.

Pour parler et pour écrire on emploie des mots.

Les mots écrits sont formés de *lettres*.

2. — Il y a deux sortes de lettres, les *voyelles* et les *consonnes*.

Les voyelles sont : *a*, *e*, *i*, *o*, *u*, et *y*.

On les appelle *voyelles* parce que, seules, sans le secours d'aucune autre lettre, elles représentent une *voix* ou son.

Les consonnes sont : *b*, *c*, *d*, *f*, *g*, *h*, *j*, *k*, *l*, *m*, *n*, *p*, *q*, *r*, *s*, *t*, *v*, *x*, *z*.

Ces lettres sont appelées *consonnes*, parce qu'elles ne peuvent former un son qu'avec le secours des voyelles, comme *ba*, *be*, *bi*, *bo*, *bu*, etc.

Exercice 1er, *Indiquez le nombre de mots qu'il y a dans chacune des deux phrases suivantes. Copiez ensuite ces deux phrases, puis barrez toutes les voyelles de la première et toutes les consonnes de la seconde.*

Mes enfants, soyez toujours obéissants.
Dieu créa le monde en six jours.

---

3. — Il y a trois sortes d'*e* : *e* muet, *é* fermé, *è* ouvert.

L'*e muet*, comme à la fin de ces mots : *homme*, *monde*. On l'appelle *muet*, parce que le son en est peu sensible et quelquefois tout à fait nul, comme dans *joie*, *il paiera*.

L'*é fermé*, comme à la fin de ces mots : *bonté*, *café*. Cet *é* se prononce la bouche presque fermée.

L'*è ouvert*, comme à la fin de ces mots : *procès*, *accès*, *succès*. Pour bien prononcer cet *è*, il faut appuyer dessus et desserrer les dents.

4. — L'*y* s'emploie quelquefois pour un *i*, comme dans *martyr*, *mystère*, et le plus souvent pour deux *i*, comme dans *pays*, *moyen*, *joyeux*, qui se prononcent *pai-is*, *moi-ien*, *joi-ieux*.

5. — La lettre *h* est *muette* lorsqu'elle ne se fait pas sentir dans la prononciation ; exemples : l'*homme*, l'*honneur*, *chrétien*, que l'on prononce comme s'il y avait l'*omme*, l'*onneur*, *crétien*.

La lettre *h* est *aspirée* quand elle fait prononcer avec aspiration la voyelle qui la suit, c'est-à-dire en la détachant de la lettre précédente ; ainsi l'on écrit et l'on prononce séparément les deux mots *la haine*, et non pas *l'haine ; les héros*, et non pas comme s'il y avait *les zhéros*.

6. — Les mots sont d'une ou de plusieurs *syllabes : bon* est un mot d'une seule syllabe ; il y a deux syllabes dans le mot *bonté* (bon-té), il y en a trois dans le mot *élément* (é-lé-ment). Ainsi, l'on appelle *syllabe*, dans les mots, une voyelle qui, seule ou jointe à d'autres lettres, forme un son unique.

Exercice 2. *Copiez les mots suivants, en indiquant, à la suite de chacun d'eux, les* e *muets par un* m, *les* é *fermés par un* f, *et les* è *ouverts par un* o.

Père, mère, piété, élève, joue, décès, collége, collègue, vérité, sûreté, siége, moue, joie, volière, gaieté, misère.

Exercice 3. *Copiez, en indiquant, à la suite de chaque mot, par un* i, *l'*y *employé pour un* i, *et par deux* i *l'*y *employé pour deux* i ; *vous direz ensuite le nombre de syllabes dont se composent les sept premiers mots de l'exercice* 2.

Syllabe, fuyard, royauté, style, paysage, syntaxe, analyse, cyprès, rayon, croyant, cylindre, noyau, symbole, voyons.

Exercice 4. *Copiez, en mettant à la suite de chaque mot et entre parenthèses* (h *m.*) *si la lettre* h *est muette, et* (h *a.*) *si elle est aspirée.*

L'habileté, la hache, le hasard, l'habit, l'hiver, la haie, la honte, le hanneton, l'herbe, l'histoire, le hareng, l'héroïsme, la halle, l'héritage, la houille, l'hôtel, le hêtre, la hauteur, l'honneur, le hibou, le hérisson, l'hirondelle, la hutte, le houx, l'heure, la hachure, les haricots, les harnais.

Voyelles longues, voyelles brèves et accents.

7. — Les voyelles *longues* sont celles sur lesquelles on appuie plus longtemps que sur les autres en les prononçant.

Les voyelles *brèves* sont celles sur lesquelles on appuie moins longtemps.

Par exemple, *a* est long dans *pâte* pour faire du pain, et bref dans *glace*.

e est long dans *tempête*, et bref dans *trompette*.

o est long dans *apôtre*, et bref dans *dévote*.

u est long dans *flûte*, et bref dans *buffet*.

8. — Pour marquer les différentes sortes d'*e* et les voyelles longues, on emploie trois petits signes que l'on appelle *accents*, savoir :

L'accent *aigu* (ʼ), qui se met sur les *é* fermés : *bonté*, *café*.

L'accent *grave* (`), qui se met sur les *è* ouverts : *accès*, et quelquefois sur l'*a* et sur l'*u* : *à*, *où*.

L'accent *circonflexe* (^), qui se met sur la plupart des voyelles longues : *apôtre*, et sur quelques *ê* ouverts : *tête*.

9. — Le *tréma* (¨), formé de deux points, est un signe que l'on met sur les voyelles *e*, *i*, *u*, pour indiquer qu'il faut, en les prononçant, les séparer de la voyelle qui précède, comme *poëte*, *haïr*, *Saül*, qui se prononcent *po-è-te*, *ha-ir*, *Sa-ul*.

10. — L'*apostrophe* (ʼ) est un signe qui indique le retranchement d'une des trois voyelles *a*, *e*, *i* ; exemples : *l'abeille*, pour *la abeille* ; *l'enfant*, pour *le enfant* ; *s'il vient*, pour *si il vient*.

11. — La *cédille* est une petite figure qui se met sous le *ç* pour avertir qu'on doit le prononcer comme un *s* devant *a*, *o*, *u* ; exemples : *façade*, *soupçon*, *reçu*.

12. — Le *trait d'union* (-) se met entre deux mots tellement joints ensemble, qu'ils n'en font pour ainsi dire plus qu'un : *chef-d'œuvre*, *courte-pointe*, *avant-coureur*.

13. — Il y a dans la langue française dix espèces de mots, que l'on appelle les *parties du discours*, savoir : le *nom* ou *substantif*, l'*article*, l'*adjectif*, le *pronom*, le *verbe*, le *participe*, l'*adverbe*, la *préposition*, la *conjonction*, et l'*interjection*.

Exercice 5. *Copiez les mots suivants, en les rangeant en colonne, c'est-à-dire les uns au-dessous des autres ; puis, à la suite de chacun d'eux, indiquez les différentes sortes d'*e*, ainsi que les accents.*

Mètre, île, ville, fête, fétu, âme, ami, poli, pôle, mâtin, matin, zèle, crête, crétin, futaille, fût, notre, le nôtre, râle, rallumé.

Exercice 6. *Copiez de nouveau, en colonne, les mots précédents, et dites si les voyelles en caractère* italique *(penché) sont longues ou brèves.*

CHAPITRE PREMIER

LE NOM OU SUBSTANTIF

14. — Le *nom* ou *substantif* est un mot qui sert à *nommer* un être, c'est-à-dire une personne, un animal ou une chose, comme *Paul, Henri, cheval, maison.*

Exercice 7. *Faites une liste de tous les noms contenus dans les phrases suivantes :*

Dieu a créé la terre, les arbres, les plantes, les poissons, les oiseaux et tous les animaux, le soleil, la lune, les étoiles et tout l'Univers. — Adam fut le nom du premier homme, Ève celui de la première femme. — On fait le pain avec de la farine, qui se tire du blé. — Le raisin est le fruit de la vigne ; on en fait du vin. — Les principales villes de France, après Paris, sont : Lyon, Marseille, Bordeaux, Toulouse, Nantes, Rouen, Lille et Strasbourg.

Exercice 8. *Écrivez quatre noms désignant des personnes, quatre désignant des animaux, et quatre noms de choses.*

Nom commun et nom propre.

15. — Il y a deux sortes de noms : le nom *commun* et le nom *propre.*

Le nom *commun* est celui qui convient à toutes les personnes, à toutes les choses semblables ou de la même espèce ; exemples : *homme, cheval, maison.*

Homme est un nom commun, car ce nom convient à Paul, à Henri, à tous les individus de l'espèce humaine; *cheval* est un nom commun, car il sert à nommer tous les animaux de cette espèce ; *maison* est un nom commun, puisque ce mot sert à désigner toute habitation de ce genre.

16. — Le nom *propre* est le nom particulier d'une personne ou d'une chose, comme *Louis, Adam, Paris, la Seine.*

Le nom propre peut convenir à une ou à plusieurs personnes, mais non à toutes les personnes, à une ou à plusieurs choses semblables, mais non à toutes ces choses.

Ainsi, plusieurs personnes peuvent s'appeler *Louis*, mais *Louis* n'est pas le nom de tout le monde ; c'est donc un nom particulier ou nom propre. *Paris* est aussi un nom propre, car toutes les villes ne s'appellent point Paris.

17. — REMARQUE. La première lettre d'un nom propre doit toujours être une majuscule ou grande lettre.

Exercice 9. *Faites une liste des noms communs et une liste des noms propres contenus dans les phrases de l'Exercice 7.*

Exercice 10. *Écrivez : 1° quatre noms communs de personnes, quatre noms communs d'animaux et quatre noms communs de choses ; 2° quatre noms propres de personnes et quatre noms propres de choses (villes, villages, rivières, pays, etc.).*

Genre et nombre dans les noms.

18. — Dans les noms, il faut considérer le *genre* et le *nombre.*
Il y a en français deux genres, le *masculin* et le *féminin.*
Les noms d'hommes ou de mâles sont du genre masculin, comme *le père, un lion ;* les noms de femmes ou de femelles sont du genre féminin, comme *la mère, une lionne.*

19. — Ainsi le *genre* est la distinction des êtres mâles et des êtres femelles.
On a donné aussi, par imitation, le genre masculin ou le genre féminin à des choses qui ne sont ni mâles ni femelles, comme *un livre, une table, le soleil, la lune.*

20. — REMARQUE. On reconnaît qu'un nom commun est du genre masculin, quand on peut mettre *le* ou *un* devant ce nom : *le père, le soleil, un livre ;* on reconnaît qu'il est du féminin, quand on peut mettre *la* ou *une : la table, une lionne.*

21. — Dans les noms, il y a deux nombres, le *singulier* et le *pluriel :* le singulier, quand on parle d'une seule personne ou d'une seule chose, comme *l'homme, un livre ;* le pluriel, quand on parle de plusieurs personnes ou de plusieurs choses, comme *les hommes, deux livres.*

22. — Ainsi, le *nombre* indique si l'on parle d'une ou de plusieurs personnes, d'une ou de plusieurs choses.

Exercice 11. *Copiez les noms suivants, en les rangeant en colonne, puis dites si ce sont des noms communs ou des noms propres, en mettant à côté de chacun d'eux les indications* nom com. (*nom commun*) *ou* nom pr. (*nom propre*) ; *marquez-en aussi le genre et* *le nombre au moyen des abréviations* m. (*masculin*), f. (*féminin*), s. (*singulier*), pl. (*pluriel*).

Le visage. Les joues. Antoine. La main. Les dents. La langue. Marie. Le cousin. La cousine. Les doigts. Le bouillon. La soupe. Les pieds. Paul. Pauline. Un coq. Les neveux. Les nièces. Une poule. Le raisin. La grappe. Maurice. La muraille. Le mur. Les bouteilles. Les carafes. Eugène. Eugénie. Les moulins. Le meunier. La meunière. Les clefs. Les serrures. Une orange. Jules. Julie. Les peines. Les récompenses. La foudre. Le tonnerre. Une affaire. Un incendie. Le hameau. Les villes. Joseph. Un appui. Les charrues. Un hôtel. Des fleurs. Un autel.

Règle générale de la formation du pluriel dans les noms.

23. — Pour former le pluriel, on ajoute une *s* à la fin du nom; exemples : le *père*, les *père*s ; la *mère*, les *mère*s ; l'*enfant*, les *enfant*s ; la *table*, les *table*s.

24. — Exception. Les noms terminés au singulier par *s*, *x* ou *z*, s'écrivent au pluriel comme au singulier : le *fil*s, les *fil*s ; la *voi*x, les *voi*x ; le *né*z, les *ne*z.

Exercice 12. *Mettez au pluriel les noms suivants, et au lieu de* le, la, *écrivez* les ; *au lieu de* un, une, *mettez* des.

La maison. Le bâton. Une plume. Un fruit. La dent. Le fusil. L'arbre. La ville. Un penchant. L'habit. Une clef. La rue. L'ami. La vertu. Une épée. Un encrier. La tête. Le pont. Le raisin. Une victoire. Un char. L'escalier. La route. La mer. Un enfant. Le lit. La fleur. Un soulier. Le doigt. Le ver. Une toupie. La joue. La roue. Le nez. Un villageois. Le bas. Un taudis. La paix. Un chamois. Le progrès. Un accès. L'embarras. La loi. Un épi. Le blé. Le monument.

Remarques sur le pluriel de quelques noms.

25. — 1° Les noms terminés au singulier par *au*, *eau*, *eu*, prennent un *x* au pluriel : le *tuyau*, les *tuyau*x ; le *bateau*, les *bateau*x ; le *feu*, les *feu*x.

2° Les noms *bijou*, *caillou*, *chou*, *genou*, *hibou*, *joujou*, *pou*, prennent aussi un *x* au pluriel : *bijou*x, *caillou*x, *chou*x, *genou*x, *hibou*x, *joujou*x, *pou*x. Les autres noms en *ou* suivent la règle générale, c'est-à-dire prennent un *s* au pluriel : un *sou*, des *sous* ; un *verrou*, des *verrous*.

3° Les noms en *al* changent au pluriel *al* en *aux* : le *mal*, les *maux* ; le *cheval*, les *chevaux*. Excepté *bal*, *carnaval*, *chacal*, *narval*, *régal*, qui font au pluriel *bals*, *carnavals*, *chacals*, *narvals*, *régals*.

4° Les noms *ail*, *bail*, *corail*, *émail*, *soupirail*, *travail* et *vantail*, font au pluriel *aulx*, *baux*, *coraux*, *émaux*, *soupiraux*, *travaux* et *vantaux*. Les autres noms en *ail* suivent la règle générale : un *portail*, des *portails* ; un *gouvernail*, des *gouvernails*.

5° *Aïeul*, *ciel*, *œil*, font au pluriel *aïeux*, *cieux*, *yeux*.

Exercice 13. *Comme l'Exercice* 12.

Le tableau. Un cheval. Le bateau. Le fanal. Un clou. Un chou. Le détail. Le bail. Le cheveu. Un corbeau. Le vœu. Le journal. Le moineau. Le poids. Le drapeau. Un pou. Un essieu. Le bijou. Le pois. La poix. Le jeu. Un filou. Le vantail. Un Anglais. Un chapeau. Un portefaix. Le couteau. Un pieu. Le cardinal. Un bras. Le fardeau. Un fou. Le corail. Un berceau. Le fils. Un trou. Le maréchal. Un gouvernail. Le troupeau. Un matelas. Un amas. Le château. Un Danois. Un sapajou. Un radeau. Un tas. Le coteau. L'avis. Le cou. Un éventail. Un Français. Un tapis. Le narval.

Exercice 14. *Comme le précédent.*

L'hôpital. Un pinceau. Un palais. Le camail. Le bois. Un oiseau. L'œil. Un compas. Le tribunal. Le genou. Le licou. Le mois. Le ciel. Un flambeau. Le minéral. Le carnaval. La voix. La voie. Un aveu. Le sou. Le repas. Un remords. Un quintal. Le lieu. Un gâteau. La toux. Le feu. Un régal. Le hameau. La croix. La proie. Le hibou. Un bambou. Le poitrail. Un piédestal. Un procès. Le cadeau. Le discours. Le tonneau. Le pays. Un signal. Un bourgeois. Le neveu. Un local. Le marais. L'émail. Un rideau. Le bocal. Un verrou. Un cadenas. L'aïeul. Un fourneau. Une noix. Un étal. Un épouvantail. Le vassal. Un caillou. Le soupirail. Un chacal.

Devoirs de récapitulation.

Exercice 15. *Faites une liste* 1° *des noms communs de personnes et des noms communs de choses, en indiquant le genre et le nombre;* 2° *des noms propres de personnes et des noms propres de choses, aussi avec l'indication du genre et du nombre.*

Le Rhône sort des Alpes, traverse le lac de Genève et se jette dans la Méditerranée.—Le bœuf ne convient pas autant que le cheval, l'âne, le chameau, etc., pour porter des fardeaux. — Notre grand poëte Pierre Corneille avait un frère nommé Thomas. — Les enfants doivent aimer leurs parents, leurs frères, leurs sœurs, leurs oncles et leurs tantes. — Abraham eut un fils nommé Isaac. — La France fut délivrée des Anglais par Jeanne d'Arc. — Le drap se fait avec de la laine ; la toile, avec du fil de chanvre, de lin ou de coton. — Le papier se fait avec des chiffons.

Exercice 16. *Copiez, en mettant au pluriel, les noms qui sont au singulier entre deux parenthèses.*

Les (*perdrix*) font leurs (*nid*) à terre. — Les (*régiment*) se composent (*d'officier*), de (*sergent*), de (*caporal*) et de (*soldat*). — Les (*ours*) blancs sont des (*animal*) très-féroces. — Les (*chamois*) habitent les (*sommet*) des (*Alpe*). — On tire l'eau des (*puits*) avec des (*seau*). — Les (*œil*) des (*taupe*) sont très-petits. — Dans vos (*jeu*), mes (*enfant*), ne faites point de mal. — Les (*hibou*), comme les (*chat*), mangent les (*souris*). — Dans les (*bal*) et dans les (*carnaval*) on voit plus de (*fou*) que de (*sage*). — Les (*corail*) sont produits par de très-petits (*animal*). — Les (*Chinois*) font de très-jolis (*éventail*). — Les (*sapajou*) sont de très-petits (*singe*). — Lorsqu'on veut charger les (*chameau*), on les fait mettre à (*genou*). — Les (*essieu*) des (*voiture*) portent chacun sur deux (*roue*). — Les (*émail*) sont des (*cristal*) rendus opaques. — De petites (*cause*) produisent quelquefois de grands (*effet*) : ainsi de très-petits (*gouvernail*) font mouvoir de très-gros (*vaisseau*). — On appelle (*bail*) des (*contrat*) de louage de (*maison*) ou de (*terre*). — Les (*bambou*) sont des (*espèce*) de (*roseau*). — Les (*soupirail*) des (*cave*) sont nécessaires autant pour donner de l'air que pour donner de la lumière. — Les (*chemin*) de fer et les (*canal*) exigent des (*travail*) considérables. — Les (*enfant*) préfèrent les (*joujou*) aux plus riches (*bijou*).

Exercice 17. *Comme le précédent.*

Les (*ciel*) racontent la gloire du Créateur. — On fait de l'huile avec les (*graine*) de plusieurs (*espèce*) de (*chou*). — Les (*gendarme*) sont les (*épouvantail*) des (*filou*). — On appelle (*portail*) les (*façade*) des (*église*) et de certains (*monu-*

ment). — Les (*caillou*) sont utilement employés à l'entretien des (*route*) ; on en remplit les (*trou*) et les (*ornière*) qui s'y forment. — Les (*verrou*) ferment parfaitement les (*porte*) en dedans. — Les (*clou*) de girofle sont produits par des (*arbuste*) qui croissent dans les îles de la Malaisie. — Les premiers (*roi*) de France portaient de longs (*cheveu*). — Les (*pieu*) ont quelquefois servi (*d'arme*) de guerre. — On trouve des (*source*) abondantes (*d'eau*) minérales en divers (*lieu*) de la terre. — Les (*volcan*) sont des (*montagne*) qui vomissent de la fumée et quelquefois des (*feu*) souterrains. — Le fer, le cuivre, le plomb et le zinc sont des (*métal*) plus utiles que l'or et l'argent. — Ne faites que des (*vœu*) raisonnables. — On appelle (*bocal*) certains (*vase*) en verre, ayant la forme de (*cylindre*). — Les (*amiral*) sont les (*général*) des (*armée*) de mer. — Nous appelons nos (*aïeul*) tous ceux qui ont vécu dans les (*siècle*) passés.

CHAPITRE II

L'ARTICLE

26. L'*article* est un petit mot que l'on met ordinairement devant les noms communs, et qui en prend le genre et le nombre.

27. — Nous n'avons en français qu'un article : *le, la* au singulier ; *les* au pluriel.

Le se met devant un nom masculin singulier : *le père, le livre ; la* se met devant un nom féminin singulier : *la mère, la table ; les* se met devant tous les noms pluriels, soit masculins, soit féminins : *les pères, les livres ; les mères, les tables.*

Exercice 18. *Mettez devant les noms suivants l'article* le *ou* la, *selon le genre de ces noms ; vous mettrez ensuite ces mêmes noms et l'article au pluriel.*

Frère, sœur, main, corps, chien, chienne, chat, chatte, pomme, pommier, blé, pain, vin, vigne, banc, chaise, crayon, plume, plante, feuille, canif, fusil, jambe, pied, livre, leçon, règle, ruisseau, rivière, montagne, nuage, cabane, vérité, crainte, mensonge, chagrin, maladie, raison, crime, vertu, malheur, bonheur, victoire.

Exercice 19. *Copiez les mots suivants, en les rangeant en* *colonne, comme vous l'avez fait pour l'Exercice* **11**, *puis indiquez les noms et les articles, avec le genre et le nombre.*

Respectez les vieillards. — Écoutez la voix de la raison. — Le temps et la mort guérissent de tous les maux. — Les charmes de la vertu sont puissants. — Laissez dire les sots; le savoir a son prix. — Le lion a la figure imposante, le regard assuré, la démarche fière, la voix terrible. — Les moineaux sont, comme les rats, attachés à nos habitations : on a même remarqué qu'il y en a plus dans les villes que dans les villages.

---

28. — Il y a deux remarques à faire sur l'article.

Première remarque. Devant un mot commençant par une voyelle ou par une *h* muette, on retranche *e* de l'article *le*, *a* de l'article *la*, et on les remplace par cette petite figure ('), qu'on appelle *apostrophe*. Ainsi, l'on dit *l'argent* pour *le argent*, *l'histoire* pour *la histoire*, *l'épée* pour *la épée*.

Cette suppression d'une lettre, remplacée par une apostrophe, s'appelle *élision ;* on dit alors que l'article est *élidé*.

Exercice 20. *Copiez, en faisant l'application de cette première remarque.* — Nota. *Les* h *aspirées sont en caractère italique.*

Le arbre, *la* alouette, *la* hirondelle, *le* homme, *le* or, *la* amitié, *le* habit, *le* *h*éros, *la* étoile, *la* imagination, *le* *h*asard, *la* habitude, *le* animal, *le* hommage, *le* *h*ibou, *la* abeille, *la* oraison, *le* ordre, *la* herbe, *la* erreur, *le* esprit, *le* *h*aricot, *la* humanité, *la* *h*otte, *le* hôte, *la* hôtesse, *la* innocence, *le* iris, *le* arrosoir, *la* *h*auteur, *la* habileté, *le* héritage, *le* appui, *la* *h*utte, *le* accident, *le* hiver, *le* événement, *la* ascension, *le* héroïsme, *le* ours, *la* *h*alte.

---

29. — Deuxième remarque. Devant un nom masculin singulier qui commence par une consonne ou une *h* aspirée, on dit *du* pour *de le* et *au* pour *à le*. Exemples : *du père*, pour *de le père ; au héros*, pour *à le héros*.

Au pluriel, on dit toujours *des* pour *de les*, *aux* pour *à les*, devant tout nom masculin ou féminin : *des pères, des mères, aux arbres, aux étoiles*.

30. — Cette réunion en un seul mot de l'article *le*, *les*, avec *de* ou *à*, s'appelle *contraction*, et l'on dit que les mots *du, des, au, aux*, sont des articles *contractés*.

31. — La contraction de l'article féminin *la* n'a jamais lieu ; on dit toujours *de la, à la : de la mère, à la mère ; de l'étoile, à l'étoile.*

Exercice 21. *Copiez, en faisant l'application de la deuxième remarque.*

L'entrée (*de le*) village, l'entrée (*de la*) ville, l'entrée (*de les*) villages, l'entrée (*de les*) villes, les habitants (*de le*) *h*ameau, les marchandes (*de la*) *h*alle, la façade (*de le*) hôtel, la façade (*de la*) habitation, l'agitation (*de le*) air, l'agitation (*de la*) eau, l'opinion (*de le*) arbitre, l'opinion (*de la*) Académie, les opinions (*de les*) arbitres, les opinions (*de les*) Académies, la marche (*de les*) Hébreux, la marche (*de les*) heures, la vente (*de les*) *h*arengs, la vente (*de les*) *h*ouilles, supplique (*à le*) roi, supplique (*à la*) reine, le respect dû (*à le*) roi, le respect dû (*à la*) reine, le respect dû (*à les*) rois, le respect dû (*à les*) reines, ne touchez pas (*à la*) *h*ache, ne touchez pas (*à la*) horloge, la chasse (*à les*) oiseaux, la chasse (*à les*) alouettes, faire la guerre (*à les*) *h*érissons, faire la guerre (*à les*) hérésies, la chasse (*à le*) épervier, la chasse (*à la*) oie, s'arrêter (*à le*) *h*être, s'arrêter (*à le*) hôtel.

Devoirs de récapitulation.

Exercice 22. *Copiez en colonne et indiquez, comme vous l'avez fait pour l'Exercice* 19, *les noms et les articles, avec le genre et le nombre. Dans cette analyse, décomposez* du *et* des *en* de le, de les ; au *et* aux *en* à le, à les.

La main est le principal organe de l'adresse du singe. — L'oisiveté est la rouille de l'âme. — Soumettons-nous aux volontés, aux décrets de la Providence. — Les conseils agréables sont rarement des conseils utiles. — La grandeur de la taille, l'élégance de la forme, la force du corps, la liberté des mouvements, toutes les qualités extérieures ne sont pas ce qu'il y a de plus noble dans un être animé.

Exercice 23. *Comme le précédent.*

Enfants, soyez attentifs aux paroles du maître. — Nos plus gros oiseaux sont fort petits, comparés à l'autruche, au condor, au casoar ; et quelle comparaison des lézards, des serpents de nos climats, avec les baleines, les cachalots, les narvals, qui peuplent les mers du Nord, et avec les crocodiles,

les grands lézards et les couleuvres énormes qui infestent les terres et les eaux du Midi !

CHAPITRE III

L'ADJECTIF

32. — L'*adjectif* est un mot que l'on ajoute au nom pour exprimer la qualité d'une personne ou d'une chose, c'est-à-dire pour marquer comment est cette personne ou cette chose. Exemples : *papier* BLANC, BON *père*, BELLE *image*.

Quand on dit *papier* BLANC, le mot *blanc* fait connaître comment est le papier ; *blanc* est un adjectif. De même dans BON *père*, BELLE *image*, le mot *bon* dit comment est le père, le mot *belle* comment est l'image ; les mots *bon*, *belle*, sont donc des adjectifs.

33. — On connaît qu'un mot est adjectif quand on peut y joindre le mot *personne* ou le mot *chose*. Ainsi, *sage*, *agréable*, sont des adjectifs, car on peut dire *personne sage*, *chose agréable*.

34. — On distingue plusieurs sortes d'adjectifs, savoir : les adjectifs *qualificatifs*, les adjectifs *numéraux*, les adjectifs *démonstratifs*, les adjectifs *possessifs*, et les adjectifs *indéfinis*.

1° Adjectifs qualificatifs.

35. — Les adjectifs *qualificatifs* sont ceux qui expriment simplement les qualités, bonnes ou mauvaises, des personnes ou des choses, comme *le* BON *père*, *le* BEAU *livre*, *le* MÉCHANT *garçon*.

Exercice 24. *Indiquez les noms communs et les adjectifs qualificatifs.*

Un ruban bleu. Les rubans verts. — Un bon livre. Un mauvais livre. — Un fruit cru. Des fruits cuits. — Le beau temps. Le vilain temps.— Un enfant robuste. Un enfant malade.— La grande maison. La petite maison.— L'homme gai. L'homme triste. — Une jeune femme. Une femme âgée.— Des terres fertiles. Des terres stériles. — De l'eau chaude. De l'eau froide.

---

36. — Les adjectifs prennent les deux genres, *masculin* et *fé-*

minin. Cette différence de genre se marque ordinairement par la dernière lettre.

37. — RÈGLE GÉNÉRALE. Quand un adjectif ne finit point au masculin par un *e* muet, on y ajoute un *e* muet pour former le féminin : *prudent*, *prudente ; saint*, *sainte ; méchant*, *méchante ; petit*, *petite ; grand*, *grande ; poli*, *polie ; vrai*, *vraie*, etc.

Exercice 25. *Mettez au féminin les adjectifs suivants :*

Content, voisin, fragile, hardi, fort, ami, vert, vide, évident, seul, majeur, mineur, terrible, obscur, certain, fidèle, sacré, fréquent, sincère, nu, bizarre, fin, pur, utile, haut, rond, noble, touffu, meilleur, violent, sombre, clair, rouge, noir, jaune, gris, sévère, cru, robuste, inférieur, supérieur, faible, escarpé, délicat, habile, timide, confus, aigre, absolu, parfait, honnête, ennemi, antérieur, humain, farouche, froid, chaud, ordinaire, droit, fourchu, souterrain, pointu, patient, triste.

Exercice 26. *Joignez un nom féminin à chacun des adjectifs suivants, que vous mettrez aussi au féminin.*

Dur, court, prochain, jeune, excellent, grossier, mauvais, petit.

Exceptions à la règle de la formation du féminin dans les adjectifs.

38. — I. Les adjectifs terminés par *el*, *eil*, *en*, *on*, *et*, comme *cruel*, *pareil*, *ancien*, *bon*, *net*, doublent au féminin leur dernière consonne avant l'*e* muet.

MASCULIN		FÉMININ	MASCULIN		FÉMININ
Cruel,	—	cruelle.	Bon,	—	bonne.
Pareil,	—	pareille.	Net,	—	nette.
Ancien,	—	ancienne.	Muet,	—	muette.

Cependant, les adjectifs suivants, en *et*, ne doublent pas le *t* au féminin, mais ils prennent un accent grave sur l'*e* qui précède le *t*.

MASCULIN.		FÉMININ.	MASCULIN.		FÉMININ.
Complet,	—	complète.	Indiscret,	—	indiscrète.
Incomplet,	—	incomplète.	Inquiet,	—	inquiète.
Concret,	—	concrète.	Replet,	—	replète.
Discret,	—	discrète.	Secret,	—	secrète.

II. Les adjectifs *bas*, *gros*, *gras*, *las*, *gentil*, *sot*, *épais*, *nul*, *exprès*, et le nom *paysan*, doublent aussi leur dernière consonne : *basse*, *grosse*, *grasse*, *lasse*, *gentille*, *sotte*, *épaisse*, *nulle*, *expresse*, *paysanne*.

Exercice 27. *Copiez, en mettant au féminin les adjectifs qui sont au masculin entre parenthèses.*

Guerre (*cruel*). (*Bon*) action. Somme (*complet*). Chaise (*bas*). Personne (*discret*). Caille (*gras*). Histoire (*ancien*). Blessure (*mortel*). Muraille (*épais*). Quantité (*concret*). Robe (*pareil*). Femme (*replet*). Figure (*gentil*). Couleur (*vermeil*). Mine (*fluet*). Humeur (*inquiet*). Haie (*mitoyen*). Défense (*exprès*). Pensée (*secret*). (*Gros*) somme. Convention (*nul*). Notion (*incomplet*). Personne (*las*). Petite (*paysan*). Demande (*indiscret*). (*Sot*) vanité. Douleur (*secret*).

Exercice 28. *Comme l'Exercice* 26.

Muet, secret, gros, éternel, net, chrétien, pareil, complet, criminel, sot.

III. Les adjectifs *beau*, *nouveau*, *fou*, *mou*, *vieux*, font au féminin *belle*, *nouvelle*, *folle*, *molle*, *vieille*, parce qu'au masculin on dit aussi *bel*, *nouvel*, *fol*, *mol*, *vieil*, devant un mot qui commence par une voyelle ou une *h* muette : *fol orgueil*, *vieil homme*.

IV. Les adjectifs terminés par *f*, comme *bref*, *naïf*, changent *f* en *ve : brève*, *naïve*.

V. Les adjectifs terminés en *x* changent l'*x* en *se : dangereux*, *dangereuse ; honteux*, *honteuse ; jaloux*, *jalouse*, etc. ; cependant, *doux*, *faux*, *roux*, font *douce*, *fausse*, *rousse*.

Exercice 29. *Comme l'Exercice* 27.

Une paix (*glorieux*). La saison (*nouveau*). Princesse (*captif*). (*Vieux*) masure. Recommandation (*tardif*). Maladie (*contagieux*). Voie (*doux*). Raison (*décisif*). Pensée (*jaloux*). Parole (*bref*). (*Fou*) ambition. Quantité (*prodigieux*). (*Faux*) apparence. Action (*honteux*). (*Mou*) oisiveté. Chevelure (*roux*). Pierre (*précieux*). (*Beau*) fortune. Femme (*veuf*). Ame (*vindicatif*).

Exercice 30. *Remplacez le nom et l'adjectif masculin par un nom et un adjectif féminin. Vous mettrez un nom analogue ou d'un sens contraire, par exemple :* belle maison, *au lieu de* beau château ; chaleur vive, *au lieu de* froid vif.

Beau château. Froid vif. Terrain mou. Homme curieux.

Vieux cheval. Ane rétif. Mal dangereux. Faux espoir. Objet nouveau. Vin doux. Jeune garçon attentif. Cheveux roux.

VI. 1° Les adjectifs en *eur* ou en *teur* qui dérivent d'un participe présent, tels que *trompeur*, de *trompant*; *menteur*, de *mentant*, font leur féminin en *euse*: *trompeur*, *trompeuse*; *menteur*, *menteuse*. Il en est de même du nom *parleur*, qui a pour féminin *parleuse*.

Cependant *pécheur* (qui commet des péchés) fait *pécheresse*; *enchanteur* fait *enchanteresse*, et *vengeur*, *vengeresse*.

2° Les adjectifs en *teur* qui ne dérivent pas d'un participe présent, font leur féminin en *trice*: *accusateur*, *accusatrice*; *bienfaiteur*, *bienfaitrice*; *débiteur* fait *débitrice*.

PREMIÈRE REMARQUE. Un petit nombre d'adjectifs en *teur*, quoique dérivant d'un participe présent, font aussi leur féminin en *trice*: *exécuteur*, *exécutrice*; *inspecteur*, *inspectrice*; *inventeur*, *inventrice*; *persécuteur*, *persécutrice*.

DEUXIÈME REMARQUE. Les adjectifs *meilleur*, *majeur*, *mineur*, et ceux qui sont terminés au masculin en *érieur*, comme *antérieur*, *supérieur*, suivent la règle générale: *meilleure*, *majeure*, *mineure*, *antérieure*, *supérieure*.

Exercice 31. *Comme l'Exercice* 27.

Une mine (*trompeur*). Une imagination (*créateur*). Une grande (*pécheur*). Distinction (*flatteur*). Mâchoire (*inférieur*). Fille (*mineur*). Personne (*causeur*). Partie (*antérieur*). Parole (*accusateur*). Race (*imitateur*). Voix (*enchanteur*). Force (*accélérateur*). Date (*postérieur*). Raison (*majeur*). Armée (*dévastateur*). Une petite fille (*menteur*). Main (*bienfaiteur*). Dame (*inspecteur*). La foudre (*vengeur*). Une fidèle (*exécuteur*). Une (*meilleur*) caution. Une cruelle (*persécuteur*). Une pauvre (*chanteur*). Autorité (*supérieur*). Elle est ma (*débiteur*). Cérès, (*inventeur*) du labourage.

Exercice 32. *Comme l'Exercice* 30.

Écolier jaseur. Abricot meilleur. Prince protecteur. Homme menteur. Mot consolateur. Valet parleur et raisonneur. Calme intérieur. Garçon majeur. Cousin boudeur. Langage adulateur. Bras vengeur.

VII. Les adjectifs *blanc*, *franc*, *sec*, *frais*, font au féminin *blanche*, *franche*, *sèche*, *fraîche*.

Turc, *public*, *caduc*, font *turque*, *publique*, *caduque* ; *grec* fait *grecque*.

Malin, *bénin*, font *maligne*, *bénigne* ; *long* et *oblong*, font *longue*, *oblongue* ; *favori* fait *favorite* ; *tiers* fait *tierce*.

VIII. Les adjectifs en *gu*, comme *aigu*, *ambigu*, *exigu*, font leur féminin par l'addition du *ë* surmonté d'un tréma. Ce signe indique qu'il faut prononcer l'*ë* en le séparant de l'*u* ; *aigu* ë, *ambigu* ë, *exigu* ë.

Exercice 33. *Comme l'Exercice* 27.

Utilité (*public*). Lecture (*favori*). Figue (*sec*). Voix (*aigu*). Calotte (*grec*). Nation (*turc*). Route (*long*). Robe (*blanc*). Fièvre (*malin*). Somme (*exigu*). Santé (*caduc*). Une âme (*franc*). (*Tiers*) personne. Humeur (*bénin*). Huître (*frais*). Maison (*contigu*). Figure (*oblong*). Réponse (*ambigu*).

Exercice 34. *Comme l'Exercice* 30.

Terrain sec. Chien turc. Esclave grec. Gilet blanc. Vin frais. Blâme public. Malin animal. Long cordon.

Règle de la formation du pluriel. — Exceptions.

39. — Règle générale. Le pluriel, dans les adjectifs, se forme comme dans les noms, en ajoutant une *s* à la fin : *bon*, *bonne*, au pluriel *bons*, *bonnes*.

40. — Remarque. Les adjectifs et les noms en *ent* ou en *ant* conservent le *t* au pluriel : *un enfant négligent*, *des enfants négligents* ; *un maître savant*, *des maîtres savants*.

41. — Exceptions. 1° Les adjectifs terminés au singulier par *s* ou *x*, s'écrivent au pluriel masculin comme au singulier : *un mur épais*, *des murs épais* ; *un fruit doux*, *des fruits doux*.

2° Les adjectifs en *eau*, tels que *beau*, *nouveau*, font leur pluriel masculin en ajoutant un *x* : *beaux*, *nouveaux*.

3° La plupart des adjectifs en *al* font leur pluriel masculin en *aux* : *moral*, *moraux* ; *égal*, *égaux*.

Ceux qui sont peu usités au pluriel masculin, forment ce pluriel en ajoutant une *s* au singulier : *fatals*, *glacials*, *filials*, *initials*, *finals*, *frugals*, etc.

42. — Remarque. D'après l'Académie, les adjectifs *amical*, *colossal*, *jovial*, *natal* et *naval*, n'ont pas de pluriel masculin.

Exercice 35. *Écrivez au pluriel masculin et au pluriel féminin les adjectifs de l'Exercice 25.*

Exercice 36. *Mettez au pluriel les articles, les noms et les adjectifs du devoir suivant ; au lieu de* un, *écrivez* des.

Le beau canal. Un voyage heureux. Un vin exquis. Un temps égal. Un instant fatal. Le poisson frais. Un article principal. Un homme roux. Le vent glacial. Un esprit envieux. Un air nouveau. Un crime affreux. Le chat gris. Un bien rural. Un son initial. Un mal dangereux. Le cheval fougueux. Un chemin vicinal. Un œil jaloux. Un animal peureux. Le domaine royal. Le doux éclat. Un concile national. Le poste périlleux. Un usage local. Un manteau épais. Le nombre décimal. Un mendiant boiteux. Le manuscrit original. Un moyen légal. Un poulet gras. Un repas frugal. Un péché capital. Un siége très-bas. L'ornement triomphal. Un peuple belliqueux. Un amas confus. Un discours moral. Le gros morceau. Un principe général. Le devoir filial. Un chien hargneux. Le point indécis. Un prince généreux et libéral.

Accord des adjectifs avec les noms.

43. — Règle générale. L'adjectif se met au même genre et au même nombre que le nom auquel il se rapporte.

Exemples : *Le* bon *père*, *la* bonne *mère* ; *bon* est au masculin et au singulier, parce que *père* est du masculin et au singulier ; *bonne* est au féminin et au singulier, parce que *mère* est du féminin et au singulier.

De beaux *jardins*, *de* belles *fleurs* ; *beaux* est du masculin et au pluriel, parce que *jardins* est du masculin et au pluriel, etc.

Exercice 37. *Indiquez les articles, les noms et les adjectifs qualificatifs qui se trouvent dans les phrases de l'Exercice 23, en disant à quel nom se rapporte chaque adjectif qualificatif.*

Exercice 38. *Remplacez les points par l'adjectif qui est en marge, en le faisant accorder avec le nom.*

Rond.	— Le plat...........	L'assiette...........
Neuf.	— Des souliers.......	Des bottes..........
Fertile.	— Le champ.........	La plaine..........
Rapide.	— Les fleuves........	Les rivières.........
Chaud.	— Le potage.........	La soupe...........
Hargneux.	— Les chiens........	Les chiennes........

Absurde.	—	Le conte..........	Les histoires........
Actif.	—	Des moissonneurs..	Des moissonneuses...
Joyeux.	—	Les vendangeurs...	Les vendangeuses....
Malfaisant.	—	Un animal.......	Une bête..........
		Des animaux.....	Des bêtes..........

---

44. — Remarque I. Quand un adjectif se rapporte à deux noms du singulier, on met cet adjectif au pluriel, parce que deux singuliers valent un pluriel. Exemple : *le roi et le berger sont* égaux *après la mort* (et non pas *égal*).

II. Si les deux noms sont de différents genres, on met l'adjectif au pluriel masculin. Exemples : *mon père et ma mère sont* contents (et non pas *contentes*).

Exercice 39. *Faites accorder les adjectifs qui sont entre parenthèses avec les noms auxquels ils se rapportent.*

Cette affaire est (*obscur*). — Ces pays me sont (*inconnu*). — On a découvert plusieurs terres (*inconnu*). — Ces affaires sont (*obscur*). — Ce n'est pas un mal que les enfants aillent tête (*nu*), bras (*nu*) et jambes (*nu*). — Mon oncle et ma tante sont (*bon*) pour moi. — Ma mère et ma grand'mère sont (*bon*) pour moi. — Cette dame avait une robe et un chapeau (*blanc*). — Cette dame avait une robe et une ombrelle (*blanc*). — Ses pensées et ses paroles ne sont pas (*clair*). — Ses pensées et son langage ne sont pas (*clair*).

Exercice 40. *Comme le précédent.*

Les (*petit*) yeux (*noir*) des oiseaux-mouches ne paraissent que deux points (*brillant*); les plumes de leurs ailes sont si (*délicat*) qu'elles en paraissent (*transparent*). — Gardez-vous d'écouter les paroles (*doux*) et (*flatteur*) de Calypso. — Nous admirions avec plaisir les (*vaste*) campagnes (*couvert*) de (*jaune*) épis, (*riche*) dons de la (*fécond*) Cérès. — Dans les pays (*chaud*), les animaux (*terrestre*) sont plus (*grand*), plus (*fort*) que dans les pays (*froid*) ou (*tempéré*) : ils sont aussi plus (*hardi*), plus (*féroce*) ; (*tout*) leurs qualités (*naturel*) semblent tenir de l'ardeur du climat.

Exercice 41. *Ajoutez deux noms, masculins ou féminins, aux adjectifs suivants.*

Curieux. Noir. Bon. Fidèle. Pur. Solide. Prudent. Joli. Bleu. Gras.

2° Adjectifs numéraux.

45. — Les adjectifs *numéraux* expriment le nombre, ou bien l'ordre ou le rang.

Il y en a de deux sortes : les adjectifs numéraux *cardinaux* et les adjectifs numéraux *ordinaux*.

46. — Les adjectifs numéraux *cardinaux* sont ceux qui expriment le nombre, comme *un*, *deux*, *trois*, *quatre*, *cinq*, *dix*, *vingt*, *trente*, *cent*, *mille*, etc. Exemples : trois *chevaux*, vingt *maisons*.

47. — Les adjectifs numéraux *ordinaux* marquent l'ordre ou le rang, comme *premier*, *second*, *deuxième*, *troisième*, *quatrième*, *cinquième*, *dixième*, *centième*, *dernier*, etc. Exemples : *le* troisième *cheval du* premier *rang*, *la* vingtième *maison de la rue*.

Exercice 42. *Copiez en colonne et faites l'analyse des noms, des articles, des adjectifs qualificatifs et des adjectifs numéraux, en indiquant le genre et le nombre.*

Jacob eut douze fils qui furent les pères des Israélites. — Dix unités font une dizaine. — Il y a sept péchés capitaux. — Vingt pièces de cinq francs font cent francs. — Le tour de la terre est de quarante mille kilomètres, ce qui fait neuf mille lieues anciennes. — Lyon est la seconde ville de France, Marseille en est la troisième.

Exercice 43. *Comme le précédent.*

Trois déménagements équivalent à un incendie. — Un centime est la centième partie d'un franc. — Il y a sept mois de trente et un jours et quatre de trente : février n'a que vingt-huit jours ; il en a vingt-neuf dans les années bissextiles. — Le tiers est la troisième partie d'une chose, le quart en est la quatrième partie.

3° Adjectifs démonstratifs.

48. — Les adjectifs *démonstratifs* sont ceux qui servent à montrer l'objet dont on parle, comme quand je dis : CE *livre*, CETTE *table ;* je montre le livre, la table dont je veux parler.

Les adjectifs démonstratifs sont :

Ce, *cet*, pour le masculin singulier : CE *livre*, CET *homme*.

Cette, pour le féminin singulier : CETTE *table*.

Ces, pour le pluriel des deux genres : CES *livres*, CES *tables*.

49. — REMARQUE. Au masculin singulier on met *ce* devant les

mots qui commencent par une consonne ou une *h* aspirée : *ce village, ce hameau;* on met *cet* devant une voyelle ou une *h* muette : *cet oiseau, cet homme.*

Exercice 44. *Mettez l'adjectif démonstratif convenable devant les noms suivants :*

Troupeau. Raisins. Pommes. Habit. Hameau. Animal. Image. Haricots. Hirondelle. Orange. Orage. Hareng. Arbre. Plumes. Cahiers. Héritage. Hasard. Actions. Hommage. Hiver.

Exercice 45. *Copiez en colonne et faites l'analyse des noms, des articles, des adjectifs qualificatifs, des adjectifs numéraux et des adjectifs démonstratifs, en indiquant le genre et le nombre.*

Cet enfant est paresseux. — Cette caisse est lourde. — Ces raisons ne sont pas concluantes. — Charlemagne était fils de Pépin-le-Bref; ce roi est le second de la race des Carlovingiens. — Les Francs envahirent la Gaule dans le cinquième siècle ; ces peuples venaient de la Germanie. — Retenez bien ces paroles : Il faut avoir pitié des malheureux.

4° Adjectifs possessifs.

50. — Les adjectifs *possessifs* sont ceux qui servent à marquer la possession de l'objet dont on parle, comme MON *livre*, VOTRE *enfant*, SON *chapeau*, c'est-à-dire le livre *qui est à moi*, l'enfant *qui est à vous*, le chapeau *qui est à lui*. Ce sont :

SINGULIER. Masculin : *Mon, ton, son, notre, votre, leur.*
— Féminin : *Ma, ta, sa, notre, votre, leur.*
PLURIEL, des deux genres : *Mes, tes, ses, nos, vos, leurs.*

51. — REMARQUE I. *Mon, ton, son,* s'emploient au féminin devant un mot qui commence par une voyelle ou une *h* muette ; on dit *mon âme*, pour *ma âme ; ton humeur*, pour *ta humeur ; son épée*, pour *sa épée*.

II. Il ne faut pas confondre *leur*, adjectif possessif, avec *leur*, pronom personnel. L'adjectif possessif *leur* est toujours suivi d'un nom ou d'un adjectif : *leur maison, leur beau pays.*

Exercice 46. *Mettez successivement devant chacun des noms suivants tous les adjectifs possessifs qui peuvent les précéder, comme, par exemple,* mon frère, ton frère, etc.

Frère. Sœur. Action. Hache. Hésitation.
Frères. Sœurs. Actions. Haches. Hésitations.

Exercice 47. *Copiez en colonne et faites l'analyse des noms, des articles, des adjectifs qualificatifs, des adjectifs numéraux, des adjectifs démonstratifs et des adjectifs possessifs, en indiquant le genre et le nombre.*

Prépare ton papier et écris à tes parents. — Voici sa maison et son jardin. — Où est votre chapeau ? — Taille ta plume : veux-tu mon canif? — Mon idée est excellente. — Nous aimons notre pays. — Ils sont dans leur village. — J'aperçois deux de nos amis. — Son action me déplaît. — Cette belle action lui a conquis mon estime. — Vos arbres sont beaux.

Exercice 48. *Comme le précédent.*

Mes orangers ont perdu toutes leurs feuilles. — Tes cousins sont avec leurs oncles. — Ton histoire est plaisante. — Voilà notre demeure. — Elles attendent leur sœur, qui doit venir ce soir. — Votre mère vous demande. — Ses fils l'écoutent avec respect. — Vos raisons ne valent rien. — J'ai soin de mes affaires. — Ses tantes sont nos cousines.

Exercice 49. *Remplacez les points par l'adjectif démonstratif* ces *ou par l'adjectif possessif* ses, *suivant le sens de la phrase.*

A qui appartiennent ... livres ? — Votre frère ne sait plus où il a placé ... livres. — Je lui ai pardonné, parce que ... excuses sont bonnes. — Vous dites des choses invraisemblables : personne n'ajoutera foi à toutes ... histoires-là. — Les castors sont d'habiles maçons :... animaux se bâtissent des demeures dans l'eau. — Le chien vient en rampant mettre aux pieds de son maître son courage, sa force, ... talents ; il attend ... ordres pour en faire usage.

5° Adjectifs indéfinis.

52. — Les adjectifs *indéfinis* indiquent que les noms auxquels ils se rapportent sont pris d'une manière vague ou générale ; ce sont :

Chaque, plusieurs, aucun, nul, pas un, même, quel,
Autre, maint, tout, certain, quelque, quelconque, tel.

53. — Remarques. I. L'adjectif indéfini *tout* fait au pluriel masculin *tous.*

II. Le mot *certain* n'est adjectif indéfini que quand il a le même sens à peu près que *un, quelques*, comme dans *certain auteur; certains auteurs;* mais lorsqu'il signifie *sûr, assuré*, comme dans *j'en suis certain*, il est adjectif qualificatif.

Exercice 50. *Copiez séparément chaque phrase et désignez à la suite les adjectifs indéfinis, ainsi que les noms auxquels ils se rapportent, en indiquant le genre et le nombre des uns et des autres.*

Chaque homme a des devoirs à remplir. — Avez-vous d'autres devoirs à faire? — Nul emploi ne convient à cet homme. — Aucune chambre n'était disponible. — Quelle affaire avez-vous? — Tous vos amis blâmeront une telle conduite. — J'ai quelques observations à faire. — Quels services m'a-t-il rendus? — Toute peine mérite salaire. — L'instinct cruel du chat se révèle dans maintes occasions. — Je pourrais vous faire les mêmes reproches. — Certains animaux vivent en société. — Je suis certain de toutes ces choses. — Plusieurs voyageurs ont fait le tour de la terre. — Le méchant doit s'attendre à une peine quelconque. — Tel est mon avis. — Vous n'avez aucune bonne raison à donner. — Nulle affaire n'est plus importante. — Pas un pays n'est mieux situé que la France pour faire le commerce maritime.

Devoirs de récapitulation.

Exercice 51. *Copiez en colonne et faites l'analyse des noms, des articles et de tous les adjectifs* (1).

L'île de Crète, admirée de tous les étrangers et fameuse par ses cent villes, nourrit sans peine tous ses habitants, quoiqu'ils soient innombrables. C'est que la terre ne se lasse jamais de répandre ses biens sur ceux qui la cultivent. Son sein fécond ne peut s'épuiser : plus il y a d'hommes dans un pays, pourvu qu'ils soient laborieux, plus ils jouissent de l'abondance ; ils n'ont jamais besoin d'être jaloux les uns des autres.

Exercice 52. *Comme le précédent.*

La terre, cette bonne mère, multiplie ses dons selon le nombre de ses enfants qui méritent ses fruits par leur tra-

(1) Les participes passés, construits avec l'auxiliaire *être* ou sans auxiliaire, sont de véritables adjectifs, et l'élève pourra les indiquer comme tels.

vail. L'ambition et l'avarice des hommes sont les seules sources de leur malheur : les hommes veulent tout avoir, et ils se rendent malheureux par le désir du superflu ; s'ils voulaient vivre simplement et se contenter de satisfaire aux vrais besoins, on verrait partout l'abondance, la paix et l'union.

Exercice 53. *De même que le précédent.*

Ici on punit trois vices qui sont impunis chez les autres peuples : l'ingratitude, la dissimulation et l'avarice. Pour le faste et la mollesse, on n'a jamais besoin de les réprimer ; car ils sont inconnus en Crète. Tout le monde y travaille, et personne ne songe à s'y enrichir ; chacun se croit assez payé de son travail par une vie douce et réglée, où l'on jouit en paix et avec abondance de tout ce qui est véritablement nécessaire à la vie.

Exercice 54. *Analysez de la même manière.*

On n'y souffre ni meubles précieux, ni habits magnifiques, ni festins délicieux, ni palais dorés. Les habits sont de laine fine et de belles couleurs, mais tout unis et sans broderies. Les repas y sont sobres : on y boit peu de vin ; le bon pain en fait la principale partie, avec les fruits que les arbres offrent comme d'eux-mêmes et le lait des troupeaux. Tout au plus on y mange un peu de grosse viande sans ragoût ; encore même a-t-on soin de réserver ce qu'il y a de meilleur, dans les grands troupeaux de bœufs, pour faire fleurir l'agriculture.

Exercice 55. *Même analyse.*

Les maisons y sont propres, commodes, riantes, mais sans ornements. La superbe architecture n'y est pas ignorée, mais elle est réservée pour les temples des dieux, et les hommes n'oseraient avoir des maisons semblables à celles des immortels. Les grands biens des Crétois sont la santé, la force, le courage, la paix et l'union des familles, la liberté de tous les citoyens, l'abondance des choses nécessaires, le mépris du superflu, l'habitude du travail, l'horreur de l'oisiveté, l'émulation de la vertu, la soumission aux lois et la crainte des justes dieux.

CHAPITRE IV

LE PRONOM

54. — Le *pronom* est un mot qui tient la place du nom et qui indique la *personne* ou le rôle que ce nom joue dans le discours.

Il y a trois *personnes :* la première personne est celle qui parle : je *lis ;* la deuxième personne est celle à qui l'on parle : tu *lis ;* la troisième personne est celle de qui l'on parle : Paul *lit bien, mais* il *écrit mal.*

55. — Il y a six sortes de pronoms : les pronoms *personnels*, les pronoms *démonstratifs*, les pronoms *possessifs*, les pronoms *relatifs* ou *conjonctifs*, les pronoms *interrogatifs*, et les pronoms *indéfinis*.

Exercice 56. *Copiez séparément chaque phrase, et indiquez à la suite de chacune d'elles les pronoms, en disant de quels noms ils tiennent la place.*

Mon Dieu, vous êtes bon pour toutes vos créatures. — Votre frère est arrivé : je l'ai vu, il est très-fatigué de son voyage. — Mon ami, tu te trompes. — Ces enfants sont de bons élèves, ils écoutent leur maître. — Parlez, madame, nous vous écoutons. — Les chauves-souris ne sont pas des oiseaux ; elles ont le corps couvert de poils et non de plumes, et elles font partie de la classe des mammifères, comme le chien et le cheval.

1° Pronoms personnels.

56. — Les pronoms personnels sont ceux qui n'ont d'autre fonction que d'indiquer les trois personnes.

57. — *Pronoms de la première personne.* Ces pronoms sont des deux genres : du masculin, si c'est un homme qui parle ; du féminin, si c'est une femme.

SINGULIER. *Je* ou *moi.*

Me pour *à moi, moi.* Exemples : *Le maître* me *donnera un livre*, c'est-à-dire *donnera* à moi. *Le maître* me *regarde,* c'est-à-dire *regarde* moi.

PLURIEL. *Nous.*

Exercice 57. *Copiez en colonne et faites l'analyse des noms,* *des articles, des adjectifs et des pronoms personnels, en disant le nombre et la personne de ces pronoms.*

Je ne pus souffrir cette indignité, dit Coriolan. Le peuple furieux me contraignit de me retirer chez les Volsques. — J'étais à Ardée quand j'appris le malheur des Ardéates. — Nous avons ici-bas les ombres de plusieurs grands hommes. — Mon Dieu, ayez pitié de moi ; faites-moi la grâce de faire le bien et de fuir le mal. — J'avoue que ce parti me paraît le meilleur. — Dites-moi où nous sommes.

---

58. — *Pronoms de la deuxième personne.* Ces pronoms sont aussi des deux genres : du masculin, si c'est à un homme que l'on parle ; du féminin, si c'est à une femme.

Singulier. *Tu* ou *toi.*

Te pour *à toi, toi.* Ex. : *Le maître* te *donnera un livre,* c'est-à-dire *donnera* à toi. *Le maître* te *regarde,* c'est-à-dire *regarde* toi.

Pluriel. *Vous.*

59. — Remarque. Par politesse, on dit *vous,* au lieu de *tu,* au singulier. Par exemple, en parlant à un enfant : *Vous êtes bien aimable.*

Exercice 58. *Comme le précédent.*

La petite fille dit à son frère : Toi, tu marcheras devant ; moi, je te suivrai. — Mon fils, vous serez estimé, si vous êtes sage. — Écoutez donc, ô peuples remplis de valeur, et vous, ô chefs si sages et si unis, écoutez ce que je vous offre de la part d'Idoménée. — Quel vent favorable t'a conduit ici pour finir mes maux ? Néoptolème me répondit : Vous me consolez en m'interrompant.

---

60. — *Pronoms de la troisième personne.* Ces pronoms sont :

Singulier masculin.	Singulier féminin.	Pluriel masculin.	Pluriel féminin.
Il.	*Elle.*	*Ils.*	*Elles.*
Le.	*La.*	*Les,* pour les deux genres.	

Lui, pour le singulier / *Leur,* pour le pluriel } des deux genres ;

Se, soi, en, y, des deux genres et des deux nombres.

61. — Remarques. I. Quelquefois le pronom *il* ne peut pas être

remplacé par un nom ; exemples : il *pleut ;* il *faut aimer Dieu.* On dit alors qu'il est impersonnel.

II. Les mots *le, la, les, leur,* sont pronoms quand ils signifient *lui, elle, eux, elles, à eux, à elles ;* comme *je* le *connais* (je connais *lui*) ; *je* la *connais* (je connais *elle*) ; *je* les *connais* (je connais *eux, elles*) ; *je* leur *parle* (je parle *à eux, à elles*) ; *donnez*-leur (donnez *à eux, à elles*).

Ils sont alors placés immédiatement avant un verbe ou après un verbe auquel ils sont joints par un trait d'union.

III. Le mot *leur,* quand il est pronom, ne prend jamais *s : Je* leur *écris.*

Exercice 59. *Comme l'Exercice précédent. Vous direz de plus quel est le genre du pronom de la troisième personne.*

Dites à votre frère qu'il vienne nous voir ; dites-lui que nous l'attendons et que nous le recevrons avec plaisir. — Voilà ma plume ; je la reconnais, elle est à moi. — Avez-vous vos livres ? Oui, monsieur, je les ai. Et vos plumes ? Je les ai aussi. — C'est à eux que je m'adresse.

Exercice 60. *Comme le précédent.*

Il fait beau. — Savez-vous si vos frères sont encore à Paris ? Nous leur avons écrit, et ils n'ont pas encore répondu. — La nouvelle est certaine : nous l'avons apprise de gens bien informés. — Il est nécessaire de travailler. — Vos sœurs sont arrivées de Rome, je les ai vues descendre de voiture ; je leur ai parlé. Elles sont satisfaites de leur voyage.

---

62. — Suite des Remarques. IV. Le mot *en* n'est pronom que quand il est mis pour *de lui, d'elle, d'eux, d'elles, de cela.* Exemple : *C'est un véritable ami, j'*en *ai reçu un grand service* (Acad.) ; c'est-à-dire, *j'ai reçu* de lui, etc. Dans le cas contraire, ce mot est préposition ; exemple : *je vais* en *Italie.*

V. Le mot *y* n'est pronom que lorsqu'il est mis pour *à cette chose, à ces choses, à cela,* comme quand on dit : *Je m'y applique ;* c'est-à-dire, *je m'applique* à cette chose, à cela. Autrement il est adverbe, et alors il signifie *là ;* exemple : *J'y vais* (je vais *là*).

Exercice 61. *Comme l'Exercice 56.*

Cette affaire est délicate, le succès en est douteux. — Il faut rarement parler de soi. — Son champ est fertile, il en tire un revenu suffisant pour vivre. — Cette affaire est importante, donnez-y vos soins. — Ces messieurs se nuisent réciproquement. — Le Rhône se jette dans la Méditerranée, la Seine se rend dans la Manche.

---

63. — RÈGLE DES PRONOMS PERSONNELS. Les pronoms *il, elle, ils, elles,* doivent toujours être du même genre et du même nombre que le nom dont ils tiennent la place. Ainsi, en parlant de la tête, dites : elle *me fait mal ; elle* parce que ce pronom tient la place de *tête,* qui est du féminin et au singulier ; et en parlant de plusieurs jardins, dites : ils *sont beaux ; ils* parce que ce pronom se rapporte à *jardins,* qui est du masculin et au pluriel.

Exercice 62. *Remplacez les points par l'un des pronoms personnels* il, elle, ils, elles.

L'éléphant aime la société de ses semblables ; ... s'en fait entendre. — La panthère a le regard cruel ; ... a la langue rude et très-rouge. — Les nouvelles que vous avez reçues sont-... bonnes ? — Vos amis viendront-... ? Oui, ... vont arriver. — La France est plus grande que l'Angleterre ; mais ... a moins de colonies. — Si le loup est le plus fort, ... déchire, ... dévore sa proie. — Les alouettes font leurs nids dans les blés, quand ... sont en herbe. — Nos erreurs ne viennent pas seulement de notre ignorance, ... viennent aussi de nos passions.

2° Pronoms démonstratifs.

64. — Les pronoms démonstratifs sont ceux au moyen desquels on désigne, en les montrant, les personnes ou les choses dont on veut parler, comme quand on dit : *Prenez votre livre, celui-ci est à moi ; celui-ci,* c'est-à-dire le livre que je montre.

65. — Ces pronoms sont :

SINGULIER		PLURIEL	
masculin.	féminin.	masculin.	féminin.
Ce, ceci, cela.			
Celui.	*Celle.*	*Ceux.*	*Celles.*
Celui-ci.	*Celle-ci.*	*Ceux-ci.*	*Celles-ci.*
Celui-là.	*Celle-là.*	*Ceux-là.*	*Celles-là.*

66. — REMARQUES. I. Le mot *ce* n'est pronom que 1° devant ou après le verbe *être : C'est moi, est-*ce moi ? 2° devant les pronoms

qui, que, quoi, dont : Ce *qui me fâche*, ce *que je dis*, ce *dont vous parlez*.

S'il est suivi d'un nom ou d'un adjectif, il est adjectif démonstratif : Ce *jardin*, ce *beau jardin m'appartient*.

II. *Celui-ci, celle-ci*, s'emploient pour désigner des personnes ou des choses qui sont proches ; *celui-là, celle-là*, pour désigner des personnes ou des choses plus éloignées.

Exercice 63. *Copiez en colonne tous les mots suivants et faites l'analyse des noms, des articles, des adjectifs, des pronoms personnels et des pronoms démonstratifs, avec indication du genre et du nombre.*

Ce chemin conduit à votre maison, et celui-ci à celle de mon frère. — Ce que je vous dis est vrai. — Voilà de belles oranges. Je trouve celles-ci plus belles que celles-là. — Ceci est à moi, cela vous appartient. — C'est ce dont je suis certain. — Ces livres sont en meilleur état que ceux de votre ami. Celui d'entre vous qui se conduira mal sera puni.

Exercice 64. *Remplacez les points par le pronom* se *ou par le mot* ce (*adjectif ou pronom*), *suivant le sens de la phrase.*

Les éléphants ne ... trouvent qu'en Afrique et en Asie. — Dieu fait bien ... qu'il fait. — On croit que... furent les Phéniciens qui inventèrent l'écriture. — Ayons pitié de ... malheureux enfant qui ... désole. — En ... monde, il ... faut l'un l'autre secourir. — ... que l'on conçoit bien ... énonce clairement. — ... est un méchant métier que celui de médire.

3° Pronoms possessifs.

67. — Les pronoms *possessifs* expriment la possession ; ils tiennent la place d'un nom et d'un adjectif possessif, comme quand je dis : *Voilà votre canif et voici le mien* ; c'est-à-dire, *voici mon canif*.

Les pronoms possessifs sont :

SINGULIER		PLURIEL	
masculin.	féminin.	masculin.	féminin.
Le mien.	*La mienne.*	*Les miens.*	*Les miennes.*
Le tien.	*La tienne.*	*Les tiens.*	*Les tiennes.*
Le sien.	*La sienne.*	*Les siens.*	*Les siennes.*
Le nôtre.	*La nôtre.*	Des deux genres.	*Les nôtres.*
Le vôtre.	*La vôtre.*		*Les vôtres.*
Le leur.	*La leur.*		*Les leurs.*

68. — Remarque. Les pronoms possessifs *le nôtre*, *la nôtre*, *le vôtre*, *la vôtre*, etc., s'écrivent avec un accent circonflexe sur l'*o* et ne se joignent jamais à un nom ; les adjectifs possessifs *notre*, *votre*, s'écrivent sans accent et précèdent toujours un nom. Exemple : Notre *maison est plus grande que* la vôtre.

Exercice 65. *Copiez en colonne tous les mots suivants et faites l'analyse des noms, des articles, des pronoms personnels, des pronoms démonstratifs et des pronoms possessifs.*

Votre habitation est mieux située que la nôtre ; mais notre jardin est plus beau que le vôtre. — Georges a une image plus belle que la mienne et que la tienne. — Leurs vignes sont plus productives que les nôtres ; mais les vôtres produisent plus que les leurs. — Prenez votre livre, laissez le mien et le sien. — Les Français ont battu les Arabes ; cependant notre armée était plus faible que la leur : aussi y a-t-il une grande différence entre nos généraux et les leurs ; les nôtres sont bien plus habiles.

4° Pronoms relatifs ou conjonctifs.

69. — Les pronoms *relatifs* ou *conjonctifs* servent à joindre le membre de phrase qui les suit au nom ou au pronom auquel ils se rapportent et dont ils tiennent la place. Exemple : *Dieu*, qui *sait tout, connait nos plus secrètes pensées.*

70. — Le mot auquel le pronom conjonctif se rapporte s'appelle *antécédent*, parce que ce mot précède le plus souvent le pronom. Dans l'exemple ci-dessus, *Dieu* est l'antécédent du pronom conjonctif *qui*. De même dans : *C'est vous* dont *je parle*, le pronom *vous* est l'antécédent du pronom conjonctif *dont*.

71. — Voici tous les pronoms conjonctifs :

Qui, que, quoi, } des deux genres et des deux nombres.
Dont ou *de qui,* }

SINGULIER		PLURIEL	
masculin.	féminin.	masculin.	féminin.
Lequel.	*Laquelle.*	*Lesquels.*	*Lesquelles.*
Duquel.	*De laquelle.*	*Desquels.*	*Desquelles.*
Auquel.	*A laquelle.*	*Auxquels.*	*Auxquelles.*

72. — Remarque. Il ne faut pas confondre le pronom conjonctif *que* avec l'adverbe *que* et la conjonction *que*. Le mot *que* est pronom conjonctif quand il peut se remplacer par *lequel*, *laquelle*, *lesquels*, *lesquelles*, comme dans : *Voici le livre* que *tu m'as de-*

mandé; c'est-à-dire, lequel *livre tu m'as demandé;* ou bien lorsqu'il est après un autre pronom, comme : *Ce que vous dites* (la chose que vous dites) ; *c'est vous* que *j'appelle*.

Mais si *que* signifie *combien*, comme dans : Que *de belles fleurs!* c'est-à-dire *combien de belles fleurs!* alors il est adverbe.

Enfin si le mot *que* ne peut se remplacer ni par *lequel, laquelle,* ni par *combien,* il est conjonction. Exemple : *Je crois* que *vous riez;* on ne pourrait pas dire : *Je crois combien vous riez,* ni *je crois lequel vous riez.*

Exercice 66. *Signalez les pronoms conjonctifs et indiquez leurs antécédents.*

C'est moi qui suis le premier, c'est toi qui es le second. — Cette leçon est celle que je sais le mieux. — Prendrez-vous l'étoffe dont vous avez fait choix ? — Est-ce là ce village que vous trouviez si beau ? — Connaissez-vous la personne à laquelle vous venez de parler ? — Vous ne devineriez jamais ce à quoi je pense. — L'homme auquel je m'adresse est puissant. — Votre père, à la bonté duquel j'étais recommandé, m'a bien acueilli.

---

73. — Règle du pronom conjonctif. Le pronom conjonctif est du même genre, du même nombre et de la même personne que son antécédent. Ainsi, dans cet exemple : *L'élève* qui *travaille bien mérite une récompense,* le pronom *qui* est du singulier et de la troisième personne : il est du masculin, si c'est un petit garçon qui travaille ; il est du féminin, si c'est une petite fille.

Exercice 67. *Faites dans l'Exercice* 66 *l'analyse des noms, des articles, des adjectifs, des pronoms personnels, des pronoms démonstratifs, des pronoms possessifs et des pronoms conjonctifs. Indiquez en même temps le genre, le nombre et la personne des pronoms conjonctifs.*

Exercice 68. *Copiez et remplacez les points par le pronom conjonctif exigé par le sens de la phrase.*

C'est Charles ... me l'a dit. — Prenez les fruits ... je vous offre. — Quelle est cette affaire ... vous parlez ? — Voici deux pommes : choisissez, ... voulez-vous ? — Quel est l'homme ... vous parliez ? — Ce ... vous me dites est surprenant. — De toutes ces fleurs, ... préférez-vous ? — Vous saurez tout ce ... s'est passé.

5° Pronoms interrogatifs.

74. — Les pronoms *qui, que, quoi*, sont dits *interrogatifs* quand ils n'ont point d'antécédent et qu'on peut les remplacer par *quelle personne* ou *quelle chose*; exemple : Qui *a fait cela?* Que *vous dirai-je?* A quoi *bon?* On peut dire : *Quelle personne* a fait cela ? *Quelle chose* vous dirai-je ? A *quelle chose* cela est-il bon ?

Exercice 69. *Faites l'analyse des noms, des adjectifs, des pronoms personnels, des pronoms démonstratifs et des pronoms interrogatifs.*

Mon cher ami, que dites-vous ? — Qui m'a demandé ? — De quoi parlez-vous ? — De qui avez-vous reçu cette lettre ? — Monsieur, que voulez-vous ? — A quoi cela est-il bon ? — Que faire ? — Chez qui vas-tu ?

6° Pronoms indéfinis.

75. — Les pronoms *indéfinis* indiquent les personnes et les choses d'une manière vague ou générale. Ces pronoms sont :

On, personne, certains, rien, quiconque, chacun,
L'un, l'autre, l'un et l'autre, autrui, plusieurs, quelqu'un.

76. — Remarques. I. Le mot *personne* est pronom lorsqu'il signifie *aucune personne*; exemple : Personne *ne s'en doutait.* Mais s'il est précédé d'un article ou bien d'un adjectif numéral, démonstratif ou possessif, c'est alors un nom du genre féminin ; exemple : *La* personne, *cette* personne que *je vois.*

II. Le mot *rien* n'est pronom que quand il signifie *aucune chose*, comme dans : *Je n'ai* rien *dit.* S'il est accompagné d'un article ou bien d'un adjectif numéral, ou démonstratif, c'est alors un nom ; exemples : *Un* rien *l'effraie; ce* rien *importe beaucoup.*

III. Les mots *certains, plusieurs*, ne sont pronoms que lorsqu'ils sont employés sans être joints à un nom ; comme : Certains *l'ont dit*, plusieurs *l'affirment;* autrement ils sont adjectifs indéfinis, comme dans *certains auteurs, plusieurs cerises.*

IV. Les adjectifs indéfinis *nul, tel, aucun, tout*, sont employés comme pronoms indéfinis, lorsqu'ils ne sont pas joints à un nom. Exemples : Nul *ne le croit*, tout *est perdu.*

Exercice 70. *Copiez séparément chaque phrase, et à la suite indiquez les pronoms indéfinis ainsi que les adjectifs indéfinis, avec le genre et le nombre; dites aussi à quel nom se rapporte l'adjectif indéfini.*

Chaque homme a des devoirs à remplir. — Chacun de nous a ses chagrins. — On vous demande. — Avez-vous d'autres devoirs à faire ? — Nul ne connaît les bornes de l'univers. — Nul emploi ne convient à cet homme. — Aucune chambre n'était disponible. — Je ne désigne aucun de vous. — Tel qui se plaint a souvent tort. — L'un pense d'une façon, l'autre pense d'une autre ; mais l'un et l'autre sont dans l'erreur. — Tous vos amis blâmeront une telle conduite. — Tous vinrent au-devant de lui. — Quelqu'un est-il venu ? — J'ai quelques observations à faire. — Toute peine mérite salaire.

Exercice 71. *Comme le précédent.*

Ces deux enfants s'aiment l'un l'autre. — Certains animaux vivent en société. — Certains prétendent qu'Homère n'a pas existé. — Tout me plaît dans ce pays. — Tout le peuple y accourut. — Plusieurs voyageurs ont fait le tour de la terre. — Plusieurs s'imaginent savoir et ne savent rien. — Quiconque prendra le bien d'autrui sera puni. — Le méchant doit s'attendre à une peine quelconque. — Tel est mon avis. — Personne n'aime un enfant méchant. — Vous n'avez aucune bonne raison à donner. — Nulle affaire n'est plus importante.

Devoirs de récapitulation.

Exercice 72. *Copiez en colonne tous les mots et faites l'analyse des noms, des articles, de tous les adjectifs et de tous les pronoms.*

Un jour une abeille aperçut une mouche auprès de sa ruche. — « Que viens-tu faire ici ? lui dit-elle d'un ton furieux. Vraiment c'est bien à toi, vil animal, à te mêler avec les reines de l'air ? — Tu as raison, répondit froidement la mouche, on a toujours tort de s'approcher d'une nation aussi fougueuse que la vôtre.

Exercice 73. *Suite du précédent.*

« Rien n'est plus sage que nous, dit l'abeille : nous seules avons des lois et une république bien policée ; nous ne broutons que des fleurs odoriférantes ; nous ne faisons que du miel délicieux qui égale le nectar. Ote-toi de ma présence, vilaine mouche importune, qui ne fais que bourdonner et chercher ta vie sur des ordures. »

Exercice 74. *Suite du précédent.*

« Nous vivons comme nous pouvons, répondit la mouche : la pauvreté n'est pas un vice ; mais la colère en est un grand. Vous faites du miel qui est doux, mais votre cœur est toujours amer ; vous êtes sages dans vos lois, mais emportées dans votre conduite. Votre colère, qui pique vos ennemis, vous donne la mort, et votre folle cruauté vous fait plus de mal qu'à personne. Il vaut mieux avoir des qualités moins éclatantes, avec plus de modération. » (Fénelon.)

CHAPITRE V

LE VERBE

77. — Le *verbe* est le mot par lequel on affirme que l'on est ou que l'on fait quelque chose.

Ainsi quand je dis : *Paul* est *malade*, le mot *est* est un verbe, parce qu'il affirme que Paul est dans l'état exprimé par l'adjectif *malade*. De même, si je dis : *Pierre* joue, le mot *joue* est un verbe, parce qu'il affirme que Pierre fait l'action de jouer.

78. — On reconnaît en français qu'un mot est un *verbe* quand on peut y ajouter les pronoms *je*, *tu*, *il*, *nous*, *vous*, *ils*, comme *je lis*, *tu lis*, *il lit*, *nous lisons*, *vous lisez*, *ils lisent*.

79. — Le verbe *être* est le verbe *essentiel*, le verbe proprement dit. Tous les autres verbes sont formés du verbe *être* et d'un adjectif, et on les appelle *verbes attributifs*. Ainsi *jouer*, *finir*, *lire*, sont des *verbes attributifs*, parce qu'ils sont mis pour *être jouant*, *être finissant*, *être lisant*.

80. — Le verbe *être* et le verbe *avoir* sont appelés verbes *auxiliaires*, lorsqu'ils aident à conjuguer les autres verbes.

Exercice 75. *Faites une liste de tous les verbes contenus dans les phrases des Exercices* 72, 73 *et* 74.

---

81. — Personnes. Il y a trois personnes dans les verbes.

La première personne prend le pronom *je* au singulier, et le pronom *nous* au pluriel : Je *lis*, nous *lisons*.

La seconde personne prend le pronom *tu* au singulier, et le pronom *vous* au pluriel : Tu *lis*, vous *lisez*.

La troisième personne prend les pronoms *il, elle,* ou un nom au singulier, et *ils, elles,* ou un nom au pluriel : Il *lit,* elle *lit,* Pierre *lit ;* ils *ou* elles *lisent, les* enfants *lisent.*

82. — NOMBRES. Il y a dans les verbes deux nombres : le *singulier,* quand il s'agit d'une seule personne ou d'une seule chose, comme *je lis, l'enfant dort ;* le *pluriel,* quand il s'agit de plusieurs personnes ou de plusieurs choses, comme *nous lisons, les enfants dorment, les fruits mûrissent.*

Exercice 76. *Reprenez la liste de l'Exercice précédent, et à côté de chaque verbe dites par écrit à quelle personne et de quel nombre est ce verbe.*

---

83. — TEMPS DU VERBE. Le *temps* est la forme particulière que prend le verbe pour marquer l'époque à laquelle se rapporte l'action ou l'état dont on parle.

Il y a trois temps : le *présent,* qui marque que la chose est ou se fait au moment où l'on parle, comme *je lis ;* le *passé,* qui marque que la chose a été faite, comme *j'ai lu ;* le *futur,* qui marque que la chose sera ou se fera, comme *je lirai.*

84. — On distingue cinq sortes de passés : l'*imparfait,* je *lisais ;* le *passé défini,* je *lus ;* le *passé indéfini,* j'*ai lu ;* le *passé antérieur,* j'*eus lu ;* et le *plus-que-parfait,* j'*avais lu.*

On distingue aussi deux futurs : le *futur simple,* je *lirai ;* et le *futur antérieur,* j'*aurai lu.*

85. — TEMPS SIMPLES, TEMPS COMPOSÉS. On appelle *temps simples* les temps qui ne prennent point l'auxiliaire *avoir* ou l'auxiliaire *être ;* exemples : *Je lis, tu reçois, il chantera.*

On appelle *temps composés* ceux qui prennent l'auxiliaire *avoir* ou l'auxiliaire *être,* comme *je suis venu, il a fini.*

Exercice 77. *Copiez chaque phrase séparément, et, à la suite de chacune d'elles dites* 1° *si le verbe est à un temps présent, à un temps passé ou à un temps futur ;* 2° *si le temps de ce verbe est simple ou composé.*

Nous avons joué ce matin. — J'étudie maintenant ma leçon. — Mes amis, vous finirez votre travail ce soir. — Tu as déjeuné ce matin. — Elle arrivera la semaine prochaine. — Il dort en ce moment. — Charles a lu ce livre. — Nos amis vinrent nous voir l'autre jour. — Ils ont donné de leurs

nouvelles la semaine dernière. — Mes parents iront demain à la campagne, j'irai avec eux.

---

86. — Modes. Le *mode* est la manière dont le verbe présente l'action ou l'état qu'il exprime.

Les différents modes sont indiqués par les formes différentes que prend le verbe.

87. — Il y a cinq modes en français : l'*indicatif*, le *conditionnel*, l'*impératif*, le *subjonctif* et l'*infinitif*.

1° Le verbe est au mode *indicatif*, quand on *indique* simplement que la chose est, *je lis*; ou qu'elle a été, *tu as lu*; ou qu'elle sera, *nous lirons*.

2° Il est au mode *conditionnel*, quand on dit qu'une chose serait ou qu'elle aurait été moyennant une *condition*. Exemples : *Pierre* lirait, *s'il savait lire. Nous* aurions lu, *si vous l'aviez demandé*. (*S'il savait lire* exprime la condition nécessaire pour que Pierre pût lire; *si vous l'aviez demandé* exprime celle moyennant laquelle nous aurions lu.)

3° Le verbe est au mode *impératif*, quand on commande ou quand on prie de faire la chose : *Lis, lisez, venez demain.*

4° Le verbe est au mode *subjonctif*, quand il dépend d'un autre verbe et qu'il présente la chose, action ou état, d'une manière incertaine ou douteuse. Exemples : *Je ne pense pas qu'il* vienne. *Croyez-vous qu'il* fasse *beau demain?*

5° Le verbe est au mode *infinitif*, quand il exprime l'action ou l'état en général, sans nombre ni personne, comme *lire*, *être*.

Exercice 78. *Copiez, et, à la suite de chaque phrase, dites à quel mode est le verbe et en outre s'il est à un temps présent, passé ou futur.*

Henri, viens ici. — La terre tourne autour du soleil. — Je désire que vous m'obéissiez. — Je vous donnerais des joujoux si vous étiez sages. — Mes amis, restez tranquilles. — Pour apprendre, il faut étudier. — Je doute que le temps soit beau ce soir. — Si je l'osais, je lui parlerais. — Nous souhaitons qu'il réussisse.

88. — Radical et terminaison. Il faut distinguer dans un verbe le *radical* et la *terminaison*.

Le *radical* est la première partie du verbe, celle qui ne change pas (1). La *terminaison* est la dernière partie du verbe, et elle varie suivant le mode, le temps, le nombre et la personne.

Dans *aim*er, j'*aim*e, nous *aim*ons, il *aim*era, le radical est *aim*, les terminaisons sont *er*, *e*, *ons*, *era*.

Exercice 79. *Copiez les verbes suivants en séparant le radical de la terminaison et en écrivant à la suite le radical ; par exemple :* Avert*ir*, j'avert*irais*, qu'il avert*ît* : radical *avert*.

Avertir, j'avertirais, qu'il avertît. — Refuser, nous refusons, refusez. — Vendre, je vends, que nous vendissions. — Apercevoir, j'aperçus, que j'aperçusse. — Répandre, vous répandez, elle répandit. — Guérir, tu guériras, nous guérîmes. — Recevoir, je reçois, que tu reçoives. — Lutter, tu luttais, vous lutteriez.

---

89. — Conjugaisons. Réciter ou écrire de suite les différents modes d'un verbe avec leurs temps, leurs nombres et leurs personnes, cela s'appelle *conjuguer*.

90. — Il y a en français quatre conjugaisons différentes, que l'on distingue par la terminaison du présent de l'infinitif.

La première conjugaison a l'infinitif terminé en *er*, comme *aimer*.

La deuxième a l'infinitif terminé en *ir*, comme *finir*.

La troisième a l'infinitif terminé en *oir*, comme *recevoir*.

La quatrième a l'infinitif terminé en *re*, comme *rendre*.

Nous conjuguerons d'abord les verbes auxiliaires *avoir* et *être* ; nous donnerons ensuite un modèle de chacune des quatre conjugaisons.

Exercice 80. *Copiez en écrivant à la suite de chaque verbe son infinitif et en disant de quelle conjugaison est ce verbe.*

Nous attendrons. — Je doutais. — Tu aperçois. — Ils écrivent. — Vous chanterez. — Tu prendras. — Vous savez. — Elle sentira. — Je porterai. — Nous avertissons. — Il croira. — Vous pouvez. — Tu aideras. — Nous devons. — Ils buvaient. — Elle marchera. — Elles savaient. — Ils rempliront. — Tu vois. — Vous répondiez. — Nous annoncerons.

---

(1) Du moins très-rarement, et seulement dans les verbes véritablement irréguliers.

91. Verbe auxiliaire AVOIR.

MODE INDICATIF.

PRÉSENT.

Sing. J'ai
Tu as
Il *ou* elle a
Plur. Nous avons
Vous avez
Ils *ou* elles *ont*

IMPARFAIT.

J'avais
Tu avais
Il *ou* elle avait
Nous avions
Vous aviez
Ils *ou* elles avaient

PASSÉ DÉFINI.

J'eus
Tu eus
Il eut
Nous eûmes
Vous eûtes
Ils eurent

PASSÉ INDÉFINI.

J'ai eu
Tu as eu
Il a eu
Nous avons eu
Vous avez eu
Ils ont eu

PASSÉ ANTÉRIEUR.

J'eus eu
Tu eus eu
Il eut eu
Nous eûmes eu
Vous eûtes eu
Ils eurent eu

PLUS-QUE-PARFAIT.

J'avais eu
Tu avais eu
Il avait eu
Nous avions eu
Vous aviez eu
Ils avaient eu

FUTUR.

J'aurai
Tu auras
Il aura
Nous aurons
Vous aurez
Ils auront

FUTUR ANTÉRIEUR.

J'aurai eu
Tu auras eu
Il aura eu
Nous aurons eu
Vous aurez eu
Ils auront eu

MODE CONDITIONNEL.

PRÉSENT.

J'aurais
Tu aurais
Il aurait
Nous aurions
Vous auriez
Ils auraient

PASSÉ.

J'aurais eu
Tu aurais eu
Il aurait eu
Nous aurions eu
Vous auriez eu
Ils auraient eu

On dit aussi : *J'eusse eu, tu eusses eu, il eût eu ; nous eussions eu, vous eussiez eu, ils eussent eu.*

MODE IMPÉRATIF

Point de première personne du singulier, ni de troisième du singulier et du pluriel.

Sing. ....
Aie
....
Plur. Ayons
Ayez
....

MODE SUBJONCTIF.

PRÉSENT *ou* FUTUR.

Que j'aie
Que tu aies
Qu'il ait
Que nous ayons
Que vous ayez
Qu'ils aient

IMPARFAIT.

Que j'eusse
Que tu eusses
Qu'il eût
Que nous eussions
Que vous eussiez
Qu'ils eussent

PASSÉ.

Que j'aie eu
Que tu aies eu
Qu'il ait eu
Que nous ayons eu
Que vous ayez eu
Qu'ils aient eu

PLUS-QUE-PARFAIT.

Que j'eusse eu
Que tu eusses eu
Qu'il eût eu
Que nous eussions eu
Que vous eussiez eu
Qu'ils eussent eu

MODE INFINITIF.

PRÉSENT.

Avoir

PASSÉ.

Avoir eu

PARTICIPE PRÉSENT.

Ayant

PARTICIPE PASSÉ.

Eu, eue, ayant eu

Exercice 81. *Copiez et apprenez par cœur le verbe* avoir.

Exercice 82. *Conjuguez quelques-unes des locutions suivantes* :

Avoir soin. Avoir soif. Avoir faim. Avoir froid. Avoir chaud. Avoir raison. Avoir tort. Avoir peur. Avoir honte.

Exercice 83. *Copiez séparément chaque phrase en indiquant à la suite de chacune d'elles le mode, le temps, le nombre et la personne du verbe* avoir.

Mon frère *a* mal à la tête, hier il *eut* la fièvre. — *Ayez* soin de vos affaires. — Nous *avons* peur de mal faire. — Croyez-vous que nous *ayons* de la pluie ? — Tu *auras* froid. — Je ne pense pas que j'*aie* le temps. — Ils *ont eu* de la peine. — Elles *auraient* de vous une mauvaise opinion. — Il faut que tu *aies eu* quelque mauvaise affaire. — Quoique nous *eussions eu* d'abord raison de nous plaindre. — Ils ne se plaindront pas de la peine qu'ils *auront eue*. — J'*ai eu* pitié de lui. — *Ayons* bon courage. — Je doute que tu *aies* gain de cause.

Exercice 84. *Mettez le verbe* avoir *au mode et au temps indiqués entre parenthèses*.

Il (*conditionnel présent*) des protecteurs, s'il voulait. — Nous (*futur antér.*) de ses lettres bien avant votre départ. — Selon vous, je (*conditionn. passé*) de la haine contre lui ? — Croyez-vous que je (*passé du subj.*) tort ? — Nous (*passé indéfini*) du mauvais temps. — Vous (*imparf. de l'indic.*) sujet de vous plaindre. — Je doute qu'il (*imparf. du subj.*) le temps. — Et moi, je vous dis : (*impératif, 1re pers. du plur.*) confiance en Dieu. — Vous ne (*prés. de l'indic.*) pas raison. — Je (*passé défini*) le plaisir de le voir hier.

Exercice 85. *Comme le précédent*.

On (*prés. de l'indic.*) ici abondance d'eau fraîche. — Mes amis, (*impératif, 2e pers. du plur.*) du respect pour l'autorité publique. — Je ne pense pas que nous (*plus-que-p. du subj.*) le temps. — Votre oncle (*imparf. de l'indic.*) une santé caduque. — Je ne crois pas qu'il (*prés. du subj.*) une maligne joie de vous voir dans l'embarras. — Nous (*passé déf.*) à notre disposition une frégate turque. — Ces arbres ne (*prés. de l'indic.*) que des branches sèches. — Vous (*futur simple*) avec moi vos coudées franches. — Je doute qu'elle (*imparf. du subj.*) alors pour femme de chambre cette jeune Grecque. — Nous ne (*passé indéf.*) qu'une fièvre bénigne. —

Tu (*futur simple*) à faire une longue course. — Vous (*condit. passé*) du plaisir à lui entendre chanter sa chanson favorite.

92. Verbe auxiliaire ÊTRE.

MODE **INDICATIF.**

PRÉSENT.

Je suis
Tu es
Il *ou* elle est
Nous sommes
Vous êtes
Ils *ou* elles sont

IMPARFAIT.

J'étais
Tu étais
Il *ou* elle était
Nous étions
Vous étiez
Ils *ou* elles étaient

PASSÉ DÉFINI.

Je fus
Tu fus
Il fut
Nous fûmes
Vous fûtes
Ils furent

PASSÉ INDÉFINI.

J'ai été
Tu as été
Il a été
Nous avons été
Vous avez été
Ils ont été

PASSÉ ANTÉRIEUR.

J'eus été
Tu eus été
Il eut été
Nous eûmes été
Vous eûtes été
Ils eurent été

PLUS-QUE-PARFAIT.

J'avais été
Tu avais été
Il avait été
Nous avions été
Vous aviez été
Ils avaient été

FUTUR.

Je serai
Tu seras
Il sera
Nous serons
Vous serez
Ils seront

FUTUR ANTÉRIEUR.

J'aurai été
Tu auras été
Il aura été
Nous aurons été
Vous aurez été
Ils auront été

MODE **CONDITIONNEL.**

PRÉSENT.

Je serais
Tu serais
Il serait
Nous serions
Vous seriez
Ils seraient

PASSÉ.

J'aurais été
Tu aurais été
Il aurait été
Nous aurions été
Vous auriez été
Ils auraient été

On dit aussi : *J'eusse été, tu eusses été, il eût été; nous eussions été, vous eussiez été, ils eussent été.*

MODE **IMPÉRATIF**

Point de première personne du singulier, ni de troisième du singulier et du pluriel.

Sing. ....
Sois
....
Plur. Soyons
Soyez
....

MODE **SUBJONCTIF.**

PRÉSENT *ou* FUTUR.

Que je sois
Que tu sois
Qu'il soit
Que nous soyons
Que vous soyez
Qu'ils soient

IMPARFAIT.

Que je fusse
Que tu fusses
Qu'il fût
Que nous fussions
Que vous fussiez
Qu'ils fussent

PASSÉ.

Que j'aie été
Que tu aies été
Qu'il ait été
Que nous ayons été
Que vous ayez été
Qu'ils aient été

PLUS-QUE-PARFAIT.

Que j'eusse été
Que tu eusses été
Qu'il eût été
Que nous eussions été
Que vous eussiez été
Qu'ils eussent été

MODE **INFINITIF.**

PRÉSENT.

Être

PASSÉ.

Avoir été

PARTICIPE PRÉSENT.

Étant

PARTICIPE PASSÉ.

Été (*pas de féminin*), ayant été.

Exercice 86. *Copiez et apprenez par cœur le verbe* être.

Exercice 87. *Conjuguez quelques-unes des locutions suivantes :*

Être las. Être heureux. Être paresseux. Être bien aise. Être honteux. Être calme. Être mécontent. Être importun.

Exercice 88. *Copiez séparément chaque phrase en indiquant à la suite de chacune d'elles le mode, le temps, le nombre et la personne du verbe* être.

Nous *serons* heureux de vous voir. — Vous *avez été* discrets. — Il aurait fallu que j'*eusse été* moins timide. — Il *fut* très-dissipé dans sa jeunesse. — Je désirerais qu'elle *fût* heureuse. — Vos amis *sont* courageux. — Tu *étais* alors bien jeune. — Nous *serions* toujours en santé, si nous *étions* sages. — Vous *fûtes* sans pitié. — Sans vous j'*aurais été* bien injuste. — J'aurais voulu que votre ami *eût été* avec nous. — Mon ami, *sois* prudent. — Vos frères *étaient* ici tout à l'heure. — Nous *fûmes* témoins du fait. — Cela *serait* convenable.

Exercice 89. *Mettez le verbe* être *au mode et au temps indiqués entre parenthèses.*

Mes efforts (*passé défini*) infructueux. — Faut-il que je (*prés. du subj.*) malheureux ! — Il prétend (*passé de l'infin.*) avec vous. — Il faut qu'elles (*prés. du subj.*) bien paresseuses. — Vous (*plus-que-p. de l'indic.*) près de nous. — Mes enfants, (*impératif*, 2e *pers. du plur.*) obéissants. — Nous aurions voulu qu'ils (*plus-que-p. du subj.*) présents. — Tu (*futur simple*) bien aimable. — Nous (*condit. passé*) si contents de vous voir ! — Il (*passé indéf.*) bien bon. — Après que tu (*passé antér.*) au jardin, tu allas à la campagne.

Exercice 90. *Comme le précédent.*

Il faut que ces enfants (*prés. du subj.*) soumis. — Nous (*imparf. de l'indic.*) avec des gens honnêtes. — Elle (*plus-que-p. de l'indic.*) heureuse d'enseigner à sa fille ces préceptes moraux. — Je (*prés. de l'indic.*) encore sous l'influence de la crainte que j'éprouvai dans ces instants fatals. — Les nuages épais qui cachaient la lune (*passé indéf.*) chassés par le vent. — Ne (*impératif, 2me pers. du sing.*) point jaloux de tes camarades. — Les navigateurs (*passé déf.*) le jouet des vents glacials du nord. — Dieu veut que nous (*prés. du subj.*)

toujours charitables envers le prochain.— Je l'aurais emporté sur mes concurrents, si les juges (*plus-que-p. du subj.*) impartiaux. — Il (*condit. prés.*) heureux de remplir auprès de ses parents ses devoirs filials. — Des repas frugals et modérés (*prés. de l'indic.*) la première condition d'une bonne santé.

93. Première conjugaison, en ER.

MODÈLE AIM ER (RADICAL AIM, TERMINAISON ER).

MODE INDICATIF.

PRÉSENT.

J'aim *e*
Tu aim *es*
Il *ou* elle aim *e*
Nous aim *ons*
Vous aim *ez*
Ils *ou* elles aim *ent*

IMPARFAIT.

J'aim *ais*
Tu aim *ais*
Il *ou* elle aim *ait*
Nous aim *ions*
Vous aim *iez*
Ils *ou* elles aim *aient*

PASSÉ DÉFINI.

J'aim *ai*
Tu aim *as*
Il aim *a*
Nous aim *âmes*
Vous aim *âtes*
Ils aim *èrent*

PASSÉ INDÉFINI

J'ai aim *é*
Tu as aim *é*
Il a aim *é*
Nous avons aim *é*
Vous avez aim *é*
Ils ont aim *é*

PASSÉ ANTÉRIEUR.

J'eus aim *é*
Tu eus aim *é*
Il eut aim *é*
Nous eûmes aim *é*
Vous eûtes aim *é*
Ils eurent aim *é* (1)

PLUS-QUE-PARFAIT.

J'avais aim *é*
Tu avais aim *é*
Il avait aim *é*
Nous avions aim *é*
Vous aviez aim *é*
Ils avaient aim *é*

FUTUR.

J'aim *erai*
Tu aim *eras*
Il aim *era*
Nous aim *erons*
Vous aim *erez*
Ils aim *eront*

FUTUR ANTÉRIEUR.

J'aurai aim *é*
Tu auras aim *é*
Il aura aim *é*
Nous aurons aim *é*
Vous aurez aim *é*
Ils auront aim *é*

MODE CONDITIONNEL.

PRÉSENT.

J'aim *erais*
Tu aim *erais*
Il aim *erait*
Nous aim *erions*
Vous aim *eriez*
Ils aim *eraient*

PASSÉ.

J'aurais aim *é*
Tu aurais aim *é*
Il aurait aim *é*
Nous aurions aim *é*
Vous auriez aim *é*
Ils auraient aim *é*

On dit aussi : *J'eusse aimé, tu eusses aimé, il eût aimé ; nous eussions aimé, vous eussiez aimé, ils eussent aimé.*

MODE IMPÉRATIF

Point de première personne du singulier, ni de troisième du singulier et du pluriel.

Sing. ....
Aim *e*

(1) Il y a un quatrième passé dont on se sert rarement. Le voici : *J'ai eu aimé, tu as eu aimé, il a eu aimé, nous avons eu aimé, vous avez eu aimé, ils ont eu aimé.*

Plur. Aim *ons*
Aim *ez*
....

MODE
SUBJONCTIF.

PRÉSENT *ou* FUTUR.

Que j'aim *e*
Que tu aim *es*
Qu'il aim *e*
Que nous aim *ions*
Que vous aim *iez*
Qu'ils aim *ent*

IMPARFAIT.

Que j'aim *asse*
Que tu aim *asses*
Qu'il aim *ât*
Que nous aim *assions*
Que vous aim *assiez*
Qu'ils aim *assent*

PASSÉ.

Que j'aie aim *é*
Que tu aies aim *é*
Qu'il ait aim *é*
Que nous ayons aim *é*
Que vous ayez aim *é*
Qu'ils aient aim *é*

PLUS-QUE-PARFAIT.

Que j'eusse aim *é*
Que tu eusses aim *é*
Qu'il eût aim *é*
Que nous eussions aim *é*
Que vous eussiez aim *é*
Qu'ils eussent aim *é*

MODE **INFINITIF.**

PRÉSENT.

Aim *er*

PASSÉ.

Avoir aim *é*

PARTICIPE PRÉSENT.

Aim *ant*

PARTICIPE PASSÉ.

Aim *é*, aim *ée*, ayant aim *é*.

Exercice 91. *Copiez et apprenez par cœur le verbe* aimer.

Exercice 92. *Conjuguez sur* aimer *quelques-uns des verbes suivants, en séparant du radical la terminaison.*

Aid *er*, amass *er*, arrêt *er*, attach *er*, chant *er*, command *er*, cach *er*, cass *er*, dans *er*, dress *er*, donn *er*, empêch *er*, fêt *er*, mêl *er*, port *er*, pos *er*, refus *er*, sauv *er*, travaill *er*.

Exercice 93. *Conjuguez quelques-unes des locutions suivantes :*

Adorer Dieu. Désirer le bien. Dépasser le but. Estimer la vertu. Éviter le mal. Passer le temps. Préparer à dîner.

Exercice 94. *Indiquez le mode, le temps, le nombre et la personne des verbes suivants :*

Vous avez regretté. — Que nous ayons caché. — Arrêtez. — Tu as répété. — Ils fêteraient. — Je préparerais. — Nous aurions pensé. — Tu porteras. — Vous achevâtes. — Elles avaient regretté. — Vous chanterez. — Paul aurait chanté. — Ils auront mêlé. — Elles posèrent. — Je porterai. — Vous prépareriez. — Refusons. — Vous empêchez. — Nous dansions. — Que j'arrêtasse. — Que nous aimions. — Vous auriez refusé. — Dès que j'aurai terminé. — Il regrettera. — Qu'il refusât. — Elle avait parlé. — J'avais achevé. — Ils refusèrent.

Exercice 95. *Mettez les verbes au mode et au temps indiqués.*

Je (*cacher* au *futur simple*) tous ces objets. — (*Apporter* à *l'impér, 2e pers. du plur.*) mes habits. — Je (*désirer* au *prés. de l'indic.*) que tu (*chanter* au *prés. du subj.*) ces couplets. — Nous (*attacher* au *condit. prés.*) un grand prix à votre approbation. — Vous (*souhaiter* au *prés. de l'indic.*) que je (*refuser* au *prés. du subj.*) ses offres. — Mon petit ami, (*donner* à *l'impér. 2e pers. du sing.*) -moi la main. — Nous (*fêter* au *passé indéfini*) l'anniversaire de sa naissance. — Il (*ordonner* au *passé défini*) qu'on (*arrêter* à *l'imparf. du subj.*) les coupables.

Exercice 96. *Comme le précédent.*

Ils (*dépenser* au *passé défini*) tout leur argent. — Vous (*répéter* au *futur*) votre leçon. — Je voudrais qu'ils (*penser* à *l'imparf. du subj.*) à leur salut. — S'ils savaient cette nouvelle, ils la (*publier* au *condit. prés.*) partout. — Vous (*mériter* au *plus-que-parf. de l'indic.*) pis. — Je ne (*oublier* au *futur*) jamais vos bienfaits. — Je (*douter* au *prés. de l'indic.*) qu'il vous (*pardonner* au *plus-que-parf. du subj.*) votre faute. — Ils (*allumer* au *passé indéfini*) la guerre civile. — Mes enfants, (*corriger* à *l'impér. 2e pers. du plur.*) -vous de vos défauts. — Tu (*changer* au *condit. passé*) volontiers.

94. Deuxième conjugaison, en IR.

MODÈLE FIN IR (RADICAL FIN, TERMINAISON IR).

MODE **INDICATIF**.	PASSÉ DÉFINI.	PASSÉ ANTÉRIEUR.
PRÉSENT.	Je fin *is*	J'eus fin *i*
Je fin *is*	Tu fin *is*	Tu eus fin *i*
Tu fin *is*	Il fin *it*	Il eut fin *i*
Il fin *it*	Nous fin *îmes*	Nous eûmes fin *i*
Nous fin *issons*	Vous fin *îtes*	Vous eûtes fin *i*
Vous fin *issez*	Ils fin *irent*	Ils eurent fin *i*
Ils fin *issent*		
IMPARFAIT.	PASSÉ INDÉFINI.	PLUS-QUE-PARFAIT.
Je fin *issais*	J'ai fin *i*	J'avais fin *i*
Tu fin *issais*	Tu as fin *i*	Tu avais fin *i*
Il fin *issait*	Il a fin *i*	Il avait fin *i*
Nous fin *issions*	Nous avons fin *i*	Nous avions fin *i*
Vous fin *issiez*	Vous avez fin *i*	Vous aviez fin *i*
Ils fin *issaient*	Ils ont fin *i*	Ils avaient fin *i*

FUTUR.

Je fin*irai*
Tu fin*iras*
Il fin*ira*
Nous fin*irons*
Vous fin*irez*
Ils fin*iront*

FUTUR ANTÉRIEUR.

J'aurai fin*i*
Tu auras fin*i*
Il aura fin*i*
Nous aurons fin*i*
Vous aurez fin*i*
Ils auront fin*i*

MODE
CONDITIONNEL.

PRÉSENT.

Je fin*irais*
Tu fin*irais*
Il fin*irait*
Nous fin*irions*
Vous fin*iriez*
Ils fin*iraient*

PASSÉ.

J'aurais fin*i*
Tu aurais fin*i*
Il aurait fin*i*
Nous aurions fin*i*
Vous auriez fin*i*
Ils auraient fin*i*

On dit aussi : *J'eusse fini, tu eusses fini, il eût fini ; nous eussions fini, vous eussiez fini, ils eussent fini.*

MODE **IMPÉRATIF**

Point de première personne du singulier, ni de troisième du singulier et du pluriel.

Sing. ....
Fin*is*
....
Plur. Fin*issons*
Fin*issez*
....

MODE
SUBJONCTIF.

PRÉSENT *ou* FUTUR.

Que je fin*isse*
Que tu fin*isses*
Qu'il fin*isse*
Que nous fin*issions*
Que vous fin*issiez*
Qu'ils fin*issent*

IMPARFAIT.

Que je fin*isse*
Que tu fin*isses*
Qu'il fin*ît*
Que nous fin*issions*
Que vous fin*issiez*
Qu'ils fin*issent*

PASSÉ.

Que j'aie fin*i*
Que tu aies fin*i*
Qu'il ait fin*i*
Que nous ayons fin*i*
Que vous ayez fin*i*
Qu'ils aient fin*i*

PLUS-QUE-PARFAIT.

Que j'eusse fin*i*
Que tu eusses fin*i*
Qu'il eût fin*i*
Que nous eussions fin*i*
Que vous eussiez fin*i*
Qu'ils eussent fin*i*

MODE **INFINITIF.**

PRÉSENT.

Fin*ir*

PASSÉ.

Avoir fin*i*

PARTICIPE PRÉSENT.

Fin*issant*

PARTICIPE PASSÉ.

Fin*i*, fin*ie*, ayant fin*i*.

Exercice 97. *Copiez et apprenez par cœur le verbe* finir.

Exercice 98. *Conjuguez sur* finir *l'un des verbes suivants, en séparant du radical la terminaison.*

Applaud*ir*, bann*ir*, nourr*ir*, chois*ir*, pétr*ir*, pun*ir*, guér*ir*, sal*ir*, trah*ir*, rav*ir*, éclairc*ir*, tern*ir*, réfléch*ir*, bén*ir*, fleur*ir*, ha*ïr* (h *aspirée*).

---

95. — REMARQUES. I. Le verbe *bénir* a deux participes passés : *bénit*, féminin *bénite*, seulement pour les *choses* consacrées par les prières des prêtres ; *béni*, *bénie*, dans tout autre cas : *Les drapeaux ont été* bénits. *Un peuple* béni *de Dieu.* (Acad.)

II. *Fleurir* a deux participes présents et deux imparfaits de l'indicatif : 1° *fleurissant*, *je fleurissais*, etc., lorsque *fleurir* est employé dans le sens propre pour signifier produire, donner ou mettre des fleurs ; 2° *florissant*, *je florissais*, etc., quand ce verbe, pris au figuré, signifie être dans un état de prospérité, comme dans cette phrase : *Athènes* florissait *sous Périclès* (1). (Acad.)

III. Au présent de l'indicatif, les trois personnes du singulier du verbe *haïr* sont, avec un seul point sur l'*i* : *je hais, tu hais, il hait;* la deuxième personne du singulier de l'impératif s'écrit aussi *hais*. Partout ailleurs l'*i* est surmonté de deux points.

Exercice 99. *Conjuguez quelques-unes des locutions suivantes :*

Accomplir un devoir. Bénir le ciel. Frémir d'horreur. Gravir la montagne. Obéir aux lois. Saisir l'occasion.

Exercice 100. *Indiquez le mode, le temps, le nombre et la personne des verbes suivants :*

Nous périrons. — Je désire qu'il finisse. — Tu auras choisi. — Je réunirai. — Il désirait que nous finissions. — Vous auriez gémi. — Il aura trahi. — Que nous ayons uni. — Réfléchissez. — Je souhaiterais qu'il obéît. — Il désirerait que vous eussiez réussi. — Tu avais choisi. — Nous frémîmes. — Dès que tu eus fini. — Vous aviez obéi. — Quand ils eurent ravi. — Je garnissais. — Finis. — Nous applaudissions. — Que nous applaudissions. — Qu'ils eussent nourri.

Exercice 101. *Mettez les verbes au mode et au temps indiqués.*

Je doute qu'il (*saisir* au *prés. du subj.*) l'occasion. — Je (*punir* au *futur*) ceux qui troubleront la classe. — Nous demandons qu'ils (*finir* au *prés. du subj.*) leurs devoirs. — Maintenant tu les (*bénir* au *prés. de l'indic.*). — L'année dernière cet arbre (*fleurir* au *passé défini*) au mois d'avril. — Vous (*franchir* au *futur*) tous les obstacles. — Elle (*réunir* à *l'imparf. de l'indic.*) toutes les qualités aimables. — Il désire que nous le (*avertir* au *prés. du subj.*). — Je (*haïr* au *prés. de l'indic.*) le mal. — Nous (*haïr* au *prés. de l'indic.*) le vice.

---

(1) En parlant de choses, on peut dire au figuré *fleurissait* ou *florissait*, exemple : *Les sciences et les beaux-arts* fleurissaient ou florissaient *sous le règne de ce prince* (Acad.) ; mais, dans ce cas même, le participe présent est toujours *florissant*.

Exercice 102. *Comme le précédent.*

Il (*bâtir* au *futur*) une maison. — L'animal (*assouvir* à *l'imparf. de l'indic.*) sa rage. — Je (*choisir* au *conditionn. passé*) le meilleur. — Il faut que l'on (*élargir* au *prés. du subj.*) la rue. — Quoi ! tu (*trahir* au *conditionn. prés.*) tes amis ? — Je doute qu'il (*éclaircir* au *plus-que-parf. du subj.*) la question. — Pensez-vous que vous (*accomplir* au *passé du subj.*) tous vos devoirs ? — Hier il (*salir* au *passé défini*) ses vêtements, maintenant il (*salir* au *prés. de l'indic.*) ses mains. — Je ne crois pas que vous (*finir* au *prés. du subj.*) par le convaincre.

96. Troisième conjugaison, en OIR.

MODÈLE REC EVOIR (RADICAL REÇ, TERMINAISON EVOIR).

MODE **INDICATIF.**

PRÉSENT.

Je reç *ois*
Tu reç *ois*
Il reç *oit*
Nous rec *evons*
Vous rec *evez*
Ils reç *oivent*

IMPARFAIT.

Je rec *evais*
Tu rec *evais*
Il rec *evait*
Nous rec *evions*
Vous rec *eviez*
Ils rec *evaient*

PASSÉ DÉFINI.

Je reç *us*
Tu reç *us*
Il reç *ut*
Nous reç *ûmes*
Vous reç *ûtes*
Ils reç *urent*

PASSÉ INDÉFINI.

J'ai reç *u*
Tu as reç *u*
Il a reç *u*
Nous avons reç *u*
Vous avez reç *u*
Ils ont reç *u*

PASSÉ ANTÉRIEUR.

J'eus reç *u*
Tu eus reç *u*
Il eût reç *u*
Nous eûmes reç *u*
Vous eûtes reç *u*
Ils eurent reç *u*

PLUS-QUE-PARFAIT.

J'avais reç *u*
Tu avais reç *u*
Il avait reç *u*
Nous avions reç *u*
Vous aviez reç *u*
Ils avaient reç *u*

FUTUR.

Je rec *evrai*
Tu rec *evras*
Il rec *evra*
Nous rec *evrons*
Vous rec *evrez*
Ils rec *evront*

FUTUR ANTÉRIEUR.

J'aurai reç *u*
Tu auras reç *u*
Il aura reç *u*
Nous aurons reç *u*
Vous aurez reç *u*
Ils auront reç *u*

MODE **CONDITIONNEL.**

PRÉSENT.

Je rec *evrais*
Tu rec *evrais*
Il rec *evrait*
Nous rec *evrions*
Vous rec *evriez*
Ils rec *evraient*

PASSÉ.

J'aurais reç *u*
Tu aurais reç *u*
Il aurait reç *u*
Nous aurions reç *u*
Vous auriez reç *u*
Ils auraient reç *u*

On dit aussi : *J'eusse reçu, tu eusses reçu, il eût reçu ; nous eussions reçu, vous eussiez reçu, ils eussent reçu.*

MODE **IMPÉRATIF**

Point de première personne du singulier, ni de troisième du singulier et du pluriel.

Sing. ....
Reç*ois*
....
Plur. Rec*evons*
Rec*evez*
....

MODE SUBJONCTIF.

PRÉSENT *ou* FUTUR.

Que je reç*oive*
Que tu reç*oives*
Qu'il reç*oive*
Que nous rec*evions*
Que vous rec*eviez*
Qu'ils reç*oivent*

IMPARFAIT.

Que je reç*usse*
Que tu reç*usses*
Qu'il reç*ût*
Que nous reç*ussions*
Que vous reç*ussiez*
Qu'ils reç*ussent*

PASSÉ.

Que j'aie reç*u*
Que tu aies reç*u*
Qu'il ait reç*u*
Que nous ayons reç*u*
Que vous ayez reç*u*
Qu'ils aient reç*u*

PLUS-QUE-PARFAIT.

Que j'eusse reç*u*
Que tu eusses reç*u*
Qu'il eût reç*u*
Que nous eussions reç*u*
Que vous eussiez reç*u*
Qu'ils eussent reç*u*

MODE INFINITIF.

PRÉSENT.

Rec*evoir*

PASSÉ.

Avoir reç*u*

PARTICIPE PRÉSENT.

Rec*evant*

PARTICIPE PASSÉ.

Reç*u*; reç*ue*, ayant reç*u*.

Exercice 103. *Copiez et apprenez par cœur le verbe* recevoir.

Exercice 104. *Conjuguez sur* recevoir *quelques-uns des verbes suivants* (1), *en séparant le radical de la terminaison.*

Aperc*evoir*, conc*evoir*, déc*evoir*, perc*evoir*, d*evoir*, red*evoir*.

Nota. Le participe passé *dû*, de *devoir*, prend un accent circonflexe sur l'*u*, mais seulement au masculin singulier; ainsi l'on écrit *dû*, *due*, *dus*, *dues*. Le participe *redû*, de *redevoir*, suit la même règle.

Exercice 105. *Conjuguez quelques-unes des locutions suivantes :*

Apercevoir le but. Concevoir du mépris. Devoir du respect. Percevoir l'impôt. Décevoir les espérances.

Exercice 106. *Indiquez le mode, le temps, le nombre et la personne des verbes suivants :*

Tu devrais. — Nous avons aperçu. — Que j'aie déçu. — Je désire qu'ils aperçoivent. — Dès que vous eûtes reçu. — Ils auraient dû. — Nous eussions reçu. — Que nous eussions reçu. — Vous dûtes recevoir. — J'apercevrais. — Je perce-

(1) Ces verbes sont les seuls qui se conjuguent exactement sur le modèle *recevoir*, par la simple substitution du radical et sans le secours des règles de la formation des temps.

vais. — Tu avais dû. — Elles apercevront. — Il aura reçu. — Je devrai. — Je souhaiterais qu'il reçût. — Je doute que vous dussiez. — Nous dûmes. — Reçois. — Tu as déçu. — Elle apercevait. — Vous deviez. — Ils concevraient. — Je perçois. — Elles perçoivent. — Tu redevais. — Je doute que vous eussiez aperçu.

Exercice 107. *Mettez les verbes au mode et au temps indiqués.*

Je (*apercevoir* au *prés. de l'indic.*) le soleil. — Il (*concevoir* au *plus-que-parf. de l'indic.*) une grande entreprise. — Vous (*devoir* à *l'imparf. de l'indic.*) m'avertir. — Tu (*décevoir* au *passé indéf.*) nos espérances. — Nous (*percevoir* au *prés. de l'indic.*) les sensations avec les sens. — Je ne pense pas que je vous (*redevoir* au *prés. du subj.*) quelque chose. — Vous (*recevoir* au *conditionn. prés.*) un bon accueil. — Tu (*concevoir* au *plus-que-parf. de l'indic.*) de l'horreur pour le mal. — Elle (*devoir* au *futur*) finir son ouvrage.

Exercice 108. *Comme le précédent.*

Il (*devoir* au *conditionn. passé*) respecter l'autorité publique. — Mon petit ami, (*recevoir* à *l'impér.*) avec reconnaissance les bons conseils que l'on te (*donner* au *futur*). — Je ne croyais pas que vous me (*redevoir* à *l'imparf. du subj.*) une aussi forte somme. Nous vous (*avertir* au *conditionn. prés.*) dès que nous les (*apercevoir* au *conditionn. prés.*). — Quoi ! vous (*concevoir* au *passé défini*) de moi une telle opinion ! — Je (*devoir* au *futur*) venir à quelle heure ? — Je doute qu'il nous (*apercevoir* au *passé du subj.*). — Ils (*percevoir* à *l'imparf. de l'indic.*) tous les revenus de ces vastes domaines.

97. Quatrième conjugaison, en RE.

MODÈLE REND RE (RADICAL REND, TERMINAISON RE).

MODE **INDICATIF.** PRÉSENT.	IMPARFAIT.	PASSÉ DÉFINI.
Je rend*s*	Je rend*ais*	Je rend*is*
Tu rend*s*	Tu rend*ais*	Tu rend*is*
Il rend	Il rend*ait*	Il rend*it*
Nous rend*ons*	Nous rend*ions*	Nous rend*îmes*
Vous rend*ez*	Vous rend*iez*	Vous rend*îtes*
Ils rend*ent*	Ils rend*aient*	Ils rend*irent*

PASSÉ INDÉFINI.

J'ai rend*u*
Tu as rend*u*
Il a rend*u*
Nous avons rend*u*
Vous avez rend*u*
Ils ont rend*u*

PASSÉ ANTÉRIEUR.

J'eus rend*u*
Tu eus rend*u*
Il eut rend*u*
Nous eûmes rend*u*
Vous eûtes rend*u*
Ils eurent rend*u*

PLUS-QUE-PARFAIT.

J'avais rend*u*
Tu avais rend*u*
Il avait rend*u*
Nous avions rend*u*
Vous aviez rend*u*
Ils avaient rend*u*

FUTUR.

Je rend*rai*
Tu rend*ras*
Il rend*ra*
Nous rend*rons*
Vous rend*rez*
Ils rend*ront*

FUTUR ANTÉRIEUR.

J'aurai rend*u*
Tu auras rend*u*
Il aura rend*u*
Nous aurons rend*u*
Vous aurez rend*u*
Ils auront rend*u*

MODE
CONDITIONNEL.

PRÉSENT.

Je rend*rais*
Tu rend*rais*
Il rend*rait*
Nous rend*rions*
Vous rend*riez*
Ils rend*raient*

PASSÉ.

J'aurais rend*u*
Tu aurais rend*u*
Il aurait rend*u*
Nous aurions rend*u*
Vous auriez rend*u*
Ils auraient rend*u*

On dit aussi : *J'eusse rendu, tu eusses rendu, il eût rendu; nous eussions rendu, vous eussiez rendu, ils eussent rendu.*

MODE **IMPÉRATIF**

Point de première personne du singulier, ni de troisième du singulier et du pluriel.

Sing. ....
Rend*s*
....
Plur. Rend*ons*
Rend*ez*
....

MODE
SUBJONCTIF.

PRÉSENT *ou* FUTUR.

Que je rend*e*
Que tu rend*es*
Qu'il rend*e*
Que nous rend*ions*
Que vous rend*iez*
Qu'ils rend*ent*

IMPARFAIT.

Que je rend*isse*
Que tu rend*isses*
Qu'il rend*ît*
Que nous rend*issions*
Que vous rend*issiez*
Qu'ils rend*issent*

PASSÉ.

Que j'aie rend*u*
Que tu aies rend*u*
Qu'il ait rend*u*
Que nous ayons rend*u*
Que vous ayez rend*u*
Qu'ils aient rend*u*

PLUS-QUE-PARFAIT.

Que j'eusse rend*u*
Que tu eusses rend*u*
Qu'il eût rend*u*
Que nous eussions rend*u*
Que vous eussiez rend*u*
Qu'ils eussent rend*u*

MODE **INFINITIF.**

PRÉSENT.

Rend*re*

PASSÉ.

Avoir rend*u*

PARTICIPE PRÉSENT.

Rend*ant*

PARTICIPE PASSÉ.

Rend*u*, rend*ue*, ayant rend*u*.

Exercice 109. *Copiez et apprenez par cœur le verbe* rendre.

Exercice 110. *Conjuguez sur* rendre *quelques-uns des verbes suivants, en séparant le radical de la terminaison.*

Attend*re*, confond*re*, défend*re*, fond*re*, mord*re*, pend*re*, répond*re*, suspend*re*, tond*re*, tord*re*, vend*re*.

Exercice 111. *Conjuguez quelques-unes des locutions suivantes :*

Entendre une voix. Fendre du bois. Revendre le blé. Tendre une corde. Répandre des larmes.

Exercice 112. *Indiquez le mode, le temps, le nombre et la personne des verbes suivants :*

Ils auraient attendu. — Tu suspendras. — Nous vendions. — Je désire que vous répondiez. — Elle entendait. — J'avais répandu. — Nous répondîmes. — Vous doutez qu'ils aient attendu. — Dès que tu eus entendu. — Répondons. — Elles attendraient. — J'aurais désiré qu'il répondît. — Il répondit hier. — Ce chien mord. — Attendez. — Il demande que tu attendes. — Je confondrais. — Vous avez entendu. — Nous revendrons. — Elle désirait que vous répondissiez. — Nous ignorions que vous eussiez défendu. — Je doute qu'ils entendent. — Vous tordîtes. — Je désirerais que tu vendisses.

Exercice 113. *Mettez les verbes au mode et au temps indiqués.*

Je doute qu'il (*revendre* au *passé du subj.*) cette maison. — Mon fils, (*tendre* à *l'impér.*, 2e *pers. du sing.*) -moi la main.— On les accuse de (*répandre* au *passé de l'infin.*) une fausse nouvelle. — On (*tondre* au *passé indéf.*) les moutons et l'on en (*vendre* au *futur*) la laine. — Je vous (*défendre* au *prés. de l'indic.*) de sortir ce soir. — Le soleil (*fondre* au *plus-que-parf de l'indic.*) la glace. — On fabrique les cordes en (*tordre* au *partic. prés.*) de la filasse de chanvre. — Messieurs, (*entendre* à *l'impérat.*, 2e *pers. du plur.*) la raison.

Exercice 114. *Comme le précédent.*

Il (*partir* au *passé défini*) dès qu'il (*vendre* au *passé antérieur*) sa terre. — Je vous (*répondre* au *conditionn. prés.*), si j' (*avoir* à *l'imparf. de l'indic.*) quelque chose à vous dire. — Tu (*prendre* au *futur*) cet habit et tu le (*brosser* au *futur*). — Je vous (*attendre* au *futur*) jusqu'à six heures. — Vous (*confondre* au *plus-que-parf, de l'indic.*) deux choses bien distinctes. — Je doutais que vous (*fendre* à *l'imparf. du subj.*) la foule. — Si vous (*agacer* au *prés. de l'indic.*) ce chien, il vous (*mordre* au *futur*). — Vous (*défendre* au *passé indéf.*) vos droits, nous (*défendre* au *futur*) les nôtres.

Remarques sur certains verbes de la première conjugaison.

98. — VERBES EN CER. Dans les verbes en *cer*, comme *percer*, on met une cédille sous le *c*, de cette manière *ç*, toutes les fois que cette lettre se trouve devant un *a* ou devant un *o*, commençant la terminaison. Exemples :

INDICATIF. PRÉSENT.	IMPARFAIT.	PASSÉ DÉFINI.
Je perc*e*	Je perç*ais*	Je perç*ai*
Tu perc*es*	Tu perç*ais*	Tu perç*as*
Il perc*e*	Il perç*ait*	Il perç*a*
Nous perç*ons*	Nous perc*ions*	Nous perç*âmes*
Vous perc*ez*	Vous perc*iez*	Vous perç*âtes*
Ils perc*ent*	Ils perç*aient*	Ils perc*èrent*, etc.

Exercice 115. *Conjuguez par écrit tout le verbe* percer ; *et ensuite les verbes* avancer, commencer *et* prononcer, *seulement à toutes les personnes du présent de l'indicatif, de l'imparfait, du passé défini, de l'impératif, de l'imparfait du subjonctif, ainsi qu'au participe présent.*

---

99. — VERBES EN GER. Les verbes en *ger*, comme *ranger*, prennent un *e* muet après le *g* devant les terminaisons qui commencent par *a* ou par *o*. Cet *e*, qui adoucit la prononciation du *g*, s'appelle *e euphonique*. Exemples :

INDICATIF. PRÉSENT.	IMPARFAIT.	PASSÉ DÉFINI.
Je range	Je rang e*ais*	Je rang e*ai*
Tu rang*es*	Tu rang e*ais*	Tu rang e*as*
Il rang*e*	Il rang e*ait*	Il rang e*a*
Nous rang e *ons*	Nous rang*ions*	Nous rang e *âmes*
Vous rang*ez*	Vous rang*iez*	Vous rang e*âtes*
Ils rang*ent*	Ils rang e *aient*	Ils rang*èrent*, etc.

Exercice 116. *Conjuguez tout le verbe* ranger, *et ensuite les verbes* loger, venger *et* partager, *seulement à toutes les personnes du présent de l'indicatif, de l'imparfait, du passé défini, de l'impératif, de l'imparfait du subjonctif, ainsi qu'au participe présent* (1).

---

100. — VERBES EN ELER ET EN ETER. Les verbes en *eler*, comme *appeler*, ou en *eter*, comme *jeter*, prennent deux *l* ou deux

---

(1) On complètera cet exercice et les suivants, jusqu'au 123e, par des dictées. (Voir notre *Choix de Dictées sur les diverses parties de la petite Grammaire des Écoles.*)

t devant l'*e* muet qui commence ou qui forme la terminaison. Exemples :

MODE **INDICATIF.**

PRÉSENT.

J'appel l*e*
Tu appel l*es*
Il appel l*e*
Nous appel *ons*
Vous appel *ez*
Ils appel l*ent*

IMPARFAIT.

J'appel*ais*, etc.

PASSÉ DÉFINI.

J'appel*ai*, etc.

PASSÉ INDÉFINI.

J'ai appel*é*, etc.

PASSÉ ANTÉRIEUR.

J'eus appel*é*, etc.

PLUS-QUE-PARFAIT.

J'avais appel*é*, etc.

FUTUR.

J'appel l*erai*
Tu appel l*eras*
Il appel l*era*
Nous appel l*erons*
Vous appel l*erez*
Ils appel l*eront*

FUTUR ANTÉRIEUR.

J'aurai appel*é*, etc.

MODE **CONDITIONNEL.**

PRÉSENT.

J'appel l*erais*
Tu appel l*erais*
Il appel l*erait*
Nous appel l*erions*
Vous appel l*eriez*
Ils appel l*eraient*

PASSÉ.

J'aurais appel*é*, etc.

MODE **IMPÉRATIF**

Sing. Appel l*e*
Plur. Appel*ons*
Appel*ez*

MODE **SUBJONCTIF.**

PRÉSENT *ou* FUTUR.

Que j'appel l*e*
Que tu appel l*es*
Qu'il appel l*e*
Que nous appel*ions*
Que vous appel *iez*
Qu'ils appel l*ent*

IMPARFAIT.

Que j'appel *asse*, etc.

PASSÉ.

Que j'aie appel*é*, etc.

PLUS-QUE-PARFAIT.

Que j'eusse appel*é*, etc.

MODE **INFINITIF.**

PRÉSENT.

Appel*er*

PASSÉ.

Avoir appel*é*

PARTICIPE PRÉSENT.

Appel*ant*

PARTICIPE PASSÉ.

Appel*é*, appel*ée*, ayant appel*é*.

Exercice 117. *Conjuguez sur ce modèle et en entier*, rappeler, atteler, chanceler, *etc.*

Exercice 118. *Conjuguez aussi sur ce modèle (en mettant deux* t *partout où il y a deux* l), jeter, cacheter, décacheter, fureter, *etc.*

---

101. — EXCEPTIONS. D'après l'Académie, un certain nombre de verbes en *eler* ou en *eter*, au lieu de doubler la lettre *l* ou le *t* devant l'*e* muet de la terminaison, prennent un accent grave sur l'*e* qui précède la lettre *l* ou le *t*, comme on le voit dans plusieurs temps du verbe *geler*, dont voici la conjugaison.

MODE **INDICATIF.**

PRÉSENT.

Je gèl*e*
Tu gèl*es*
Il gèl*e*
Nous gel *ons*
Vous gel *ez*
Ils gèl *ent*

IMPARFAIT.

Je gel *ais*, etc.

PASSÉ DÉFINI.

Je gel *ai*, etc.

PASSÉ INDÉFINI.

J'ai gel *é*, etc.

PASSÉ ANTÉRIEUR.

J'eus gel *é*, etc.

PLUS-QUE-PARFAIT.

J'avais gel*é*, etc.

FUTUR.

Je gèl *erai*
Tu gèl*eras*
Il gèl*era*

Nous gèl*erons*
Vous gèl*erez*
Ils gèl*eront*

FUTUR ANTÉRIEUR.

J'aurai gel*é*, etc.

MODE

CONDITIONNEL.

PRÉSENT.

Je gèl*erais*
Tu gèl*erais*
Il gèl*erait*
Nous gèl*erions*
Vous gèl*eriez*
Ils gèl*eraient*

PASSÉ.

J'aurais gel*é*, etc.

MODE **IMPÉRATIF.**

Sing. Gèl*e*
Plur. Gel *ons*
Gel *ez*

MODE

SUBJONCTIF.

PRÉSENT *ou* FUTUR.

Que je gèl*e*
Que tu gèl*es*
Qu'il gèl *e*
Que nous gel *ions*
Que vous gel *iez*
Qu'ils gèl *ent*

IMPARFAIT.

Que je gel *asse*, etc.

PASSÉ.

Que j'aie gel *é*, etc.

PLUS-QUE-PARFAIT.

Que j'eusse gel *é*, etc.

MODE **INFINITIF.**

PRÉSENT.

Gel *er*

PASSÉ.

Avoir gel *é*

PARTICIPE PRÉSENT.

Gel *ant*

PARTICIPE PASSÉ.

Gel *é*, gel *ée*, ayant gel *é*.

102. — Voici les verbes en *eler* ou en *eter* qui, d'après l'Académie, sont soumis à cette exception, et se conjuguent comme le verbe *geler :* 1° Bourrel *er*, cel *er*, décel *er*, dégel *er*, écartel *er*, harcel *er* (*h* aspirée), martel *er*, model *er*, pel *er*. — 2° Achet *er*, rachet *er*, épousset *er*, étiquet *er*, becquet *er*, ou béquet *er* (1) et décollet *er*.

Exercice 119. *Conjuguez quelques-uns de ces verbes.*

---

103. — Remarques. I. Les verbes en *éler* ou en *éter*, par un *é* fermé, comme *révéler*, *répéter*, ne doublent pas non plus l'*l* ni le *t :* l'*é* fermé qui précède ces lettres se change en *è* ouvert avec accent grave, dans les mêmes cas que pour le verbe *geler*, c'est-à-dire toutes les fois que l'*l* ou le *t* est suivi d'un *e* muet. Exemples : *Je révèle, tu révèles, il révèle, nous révélons, vous révélez, ils révèlent. Je répète, tu répètes, il répète, nous répétons, vous répétez, ils répètent.*

II. Les verbes en *êler* ou en *êter*, par un accent circonflexe, tels que mêl *er*, démêl *er*, fêl *er*, apprêt *er*, arrêt *er*, fêt *er*, prêt *er*, ne doublent jamais l'*l* ni le *t* et gardent l'accent circonflexe dans toute leur conjugaison. Ils se conjuguent donc entièrement sur le modèle *aimer*.

III. Les verbes qui ont deux *l* ou deux *t* à l'infinitif, tels que

(1) Ce verbe ne se dit que des oiseaux.

excell*er*, flagell*er*, interpell*er*, querell*er*, brouett*er*, émiett*er*, fouett*er*, égoutt*er*, regrett*er*, gardent les deux *l* ou les deux *t* à toutes les personnes de tous les temps et ne prennent jamais d'accent. Ainsi leur conjugaison se fait aussi entièrement sur le modèle *aimer*.

Exercice 120. *Conjuguez quelques-uns des verbes suivants :* révéler, recéler, répéter, compléter, mêler, arrêter, exceller, regretter, *etc.*

---

104. — AUTRES REMARQUES. I. On conjugue de la même manière que *geler* les verbes dans lesquels la dernière syllabe de l'infinitif commence par une articulation quelconque, autre que *l* ou *t*, précédée d'un *e* muet, tels que men*er*, amen*er*, enlev*er*, empes*er*, relev*er*, achev*er*, pes*er*, sem*er*, promen*er*. Exemples : *Je mène, tu mèneras.*

II. Si c'est un *é* fermé qui précède l'articulation autre que *l* ou *t*, comme dans le verbe *persévérer*, on change cet *é* fermé en *è* ouvert, avec accent grave, dans le même cas que pour les verbes précédents, c'est-à-dire lorsque la terminaison commence par un *e* muet. Ainsi l'on écrit : *Je persévèr e, tu persévèr es, il persévèr e, nous persévér ons, vous persévér ez, ils persévèr ent.*

Cependant l'Académie fait exception au futur et au conditionnel de ce verbe ; ainsi elle écrit : *je persévér erai*, etc., *je persévér erais*, etc., et non *je persévèr erai, je persévèr erais*. Elle admet la même exception pour les verbes *légu er, allégu er, suggér er, séch er, allèch er, régl er* et *régn er*.

III. Dans les verbes en *éger*, tels que *abrég er, assiég er, allég er, protég er*, etc., l'*é* fermé ne se change jamais en *è* ouvert ; ainsi l'on écrit : j'*abrég e*, tu *abrég es*, il *abrég e*, nous *abrég eons*, vous *abrég ez*, ils *abrég ent ;* j'*abrég erai*, tu *abrég eras*, etc.

Exercice 121. *Conjuguez quelques-uns des verbes suivants :* mener, amener, enlever, achever, peser, semer, persévérer, léguer, sécher, régler, régner, abréger, protéger, *etc.*

---

105. — VERBES EN OYER, UYER ET AYER. Dans la conjugaison des verbes en *oyer* et en *uyer*, comme *ploy er, employ er, noy er, rudoy er, nettoy er, appuy er, essuy er*, etc., l'*y* qui termine le radical se change en *i* devant l'*e* muet qui forme ou qui commence la terminaison. Exemples où ce changement a lieu :

MODE **INDICATIF.**

PRÉSENT.

Je ploi *e*
Tu ploi *es*
Il ploi *e*
Nous ploy *ons*
Vous ploy *ez*
Ils ploi *ent*

IMPARFAIT.

Je ploy *ais*
Tu ploy *ais*
Il ploy *ait*
Nous ploy *ions*
Vous ploy *iez*
Ils ploy *aient*

PASSÉ DÉFINI.

Je ploy *ai*, etc.

PASSÉ INDÉFINI.

J'ai ploy *é*, etc.

PASSÉ ANTÉRIEUR.

J'eus ploy *é*, etc.

PLUS-QUE-PARFAIT.

J'avais ploy *é*, etc.

FUTUR.

Je ploi *erai*
Tu ploi *eras*
Il ploi *era*
Nous ploi *erons*
Vous ploi *erez*
Ils ploi *eront*

FUTUR ANTÉRIEUR.

J'aurai ploy *é*, etc.

MODE **CONDITIONNEL.**

PRÉSENT.

Je ploi *erais*
Tu ploi *erais*
Il ploi *erait*
Nous ploi *erions*
Vous ploi *eriez*
Ils ploi *eraient*

PASSÉ.

J'aurais ploy *é*, etc.

MODE **IMPÉRATIF.**

Sing. Ploi *e*
Plur. Ploy *ons*
Ploy *ez*

MODE **SUBJONCTIF.**

PRÉSENT.

Que je ploi *e*
Que tu ploi *es*
Qu'il ploi *e*
Que nous ploy *ions*
Que vous ploy *iez*
Qu'ils ploi *ent*

IMPARFAIT.

Que je ploy *asse*, etc.

PASSÉ.

Que j'aie ploy *é*, etc.

PLUS-QUE-PARFAIT.

Que j'eusse ploy *é*, etc.

MODE **INFINITIF.**

PRÉSENT.

Ploy *er*

PASSÉ.

Avoir ploy *é*

PARTICIPE PRÉSENT.

Ploy *ant*

PARTICIPE PASSÉ.

Ploy *é*, ploy *ée*, ayant ploy *é*.

106. — On peut conjuguer de la même manière les verbes en *ayer* ou *eyer*, tels que *pay er*, *balay er*, *effray er*, *égay er*, *essay er*, *ray er*, *grassey er*, etc., et écrire, par exemple, *je pai es*, *tu pai es*, *il pai e*, etc.; mais il est mieux de conserver l'*y* dans toutes les formes de ces verbes, et d'écrire *je pay e*, *tu pay es*, *il pay e*, etc.; *je grassey e*, *tu grassey es*, *il grassey e*, etc.

107. — Remarques. I. L'*y* est suivi d'un *i* : 1° à la première et à la seconde personne de l'imparfait de l'indicatif : *nous ploy ions*, *vous ploy iez*; *nous pay ions*, *vous pay iez*; 2° aux mêmes personnes du présent du subjonctif : *que nous ploy ions*, *que vous ploy iez*; *que nous pay ions*, *que vous pay iez*.

La même chose a lieu pour tous les verbes des autres conjugaisons, qui ont le participe présent en *yant* (excepté cependant le verbe *avoir*). Ainsi :

Croire. Participe présent : *croyant*; imparfait : *nous croyions*, *vous croyiez*; subjonctif présent : *que nous croyions*, *que vous croyiez*.

Fuir. Participe présent : *fuyant*; imparfait : *nous fuyions*, *vous fuyiez;* subjonctif présent : *que nous fuyions*, *que vous fuyiez* (1).

II. Remarquez aussi qu'à toutes les personnes du futur et du conditionnel présent des verbes en *oyer*, *uyer*, *ayer* et *eyer*, l'*i* ou l'*y* est immédiatement suivi d'un *e* muet : *Je ploi erai*, *j'essui erai*, *je pay erai* ou *je pai erai; je ploi erais*, *j'essui erais*, *je pay erais* ou *je pai erais*.

Exercice 122. *Conjuguez quelques-uns des verbes indiqués aux paragraphes* 105 *et* 106.

---

108. — VERBES EN IER ET EN ÉER. Les verbes en *ier* ou en *éer*, tels que *pri er*, *cri er*, *li er*, *étudi er*, *oubli er*, *pli er*, *cré er*, *agré er*, *recré er*, *récré er*, *supplé er*, etc., se conjuguent très-facilement sur le modèle *aimer*, par la seule substitution de leur radical au radical *aim* devant toutes les terminaisons. Cependant quelques-unes de leurs formes doivent être remarquées avec soin; ainsi :

1° Les verbes en *ier* ont deux *i* à la première et à la seconde personne du pluriel de l'imparfait de l'indicatif : *nous pri ions*, *vous pri iez*, et du subjonctif présent : *que nous pri ions*, *que vous pri iez*. Le premier *i* appartient au radical *pri*, le second aux terminaisons *ions*, *iez*.

2° Aux mêmes personnes des mêmes temps, l'*é* qui termine le radical des verbes en *éer* est par la même raison suivi d'un *i* : *nous cré ions*, *vous cré iez; que nous cré ions*, *que vous cré iez*.

3° A toutes les personnes du futur et du conditionnel présent, l'*i* ou l'*é* terminant le radical de ces verbes est suivi d'un *e* muet : *Je pri erai*, *je pri erais; je cré erai*, *je cré erais*.

4° Dans les verbes en *éer*, le participe passé masculin se termine par deux *é* fermés : *créé;* et le féminin, par deux *é* fermés suivis d'un *e* muet : *créée*.

Exercice 123. *Conjuguez quelques-uns des verbes en* ier *et en* éer *indiqués au paragraphe* 108.

Conjugaison d'après les règles de la formation des temps.

109. — Lorsqu'on connaît certains temps d'un verbe, on peut facilement en dériver tous les autres au moyen de quelques règles fort simples.

---

(1) Ces mêmes verbes, comme on le verra plus loin, changent aussi l'*y* en *i* devant un *e* muet, dans les temps formés du participe présent en *yant*.

110. — **Temps primitifs.** On appelle *temps primitifs* d'un verbe ceux qui servent à former les autres temps dans les quatre conjugaisons.

Il y a cinq temps primitifs, savoir : le *présent de l'infinitif*, le *participe présent*, le *participe passé*, le *présent de l'indicatif* et le *passé défini*.

111. — **Temps dérivés.** On appelle *temps dérivés* ceux qui sont formés des temps primitifs.

112. — **Formation des temps.** I. Du *présent de l'infinitif* on forme :

1° Le *futur de l'indicatif*, en changeant *r*, *oir*, ou *re*, en *rai* ; exemples :

aimer :	*j'aimerai.*	*recevoir .*	*je recevrai.*
finir :	*je finirai.*	*rendre :*	*je rendrai.*

2° Le *conditionnel présent*, en changeant *r*, *oir*, ou *re* en *rais : aimer*, *j'aimerais*, etc., ou plus simplement, en ajoutant une *s* au futur :

j'aimerai :	*j'aimerais.*	*je recevrai :*	*je recevrais.*
je finirai :	*je finirais.*	*je rendrai :*	*je rendrais.*

II. Du *participe présent* on forme :

1° Les trois personnes du pluriel du *présent de l'indicatif*, en changeant *ant* en *ons*, *ez* et *ent* (excepté pour la troisième personne du pluriel de la troisième conjugaison, qui est irrégulière) (1).

aimant :	*nous aimons,*	*vous aimez,*	*ils aiment.*
finissant :	*nous finissons,*	*vous finissez,*	*ils finissent.*
recevant :	*nous recevons,*	*vous recevez,*	....
rendant :	*nous rendons,*	*vous rendez,*	*ils rendent.*

2° L'*imparfait de l'indicatif*, en changeant *ant* en *ais :*

aimant :	*j'aimais.*	*recevant :*	*je recevais.*
finissant :	*je finissais.*	*rendant :*	*je rendais.*

3° Le *subjonctif présent*, en changeant *ant* en *e* muet, ou *evant* en *oive :*

aimant :	*que j'aime.*	*recevant :*	*que je reçoive.*
finissant :	*que je finisse.*	*rendant :*	*que je rende.*

III. Du *présent de l'indicatif* on forme l'*impératif* en ôtant les pronoms *je*, *nous*, *vous :*

---

(1) Par suite de cette formation, le présent de l'indicatif doit être considéré au pluriel comme un temps dérivé.

j'aime :	impér.	*aime.*	*je rends :*	impér.	*rends.*
nous aimons :	—	*aimons.*	*nous rendons :*	—	*rendons.*
vous aimez :	—	*aimez.*	*vous rendez :*	—	*rendez.*

IV. De la *seconde personne du passé défini* on forme l'*imparfait du subjonctif*, en ajoutant *se;* exemples :

tu aimas :	*que j'aimasse.*	*tu reçus :*	*que je reçusse.*
tu finis :	*que je finisse.*	*tu rendis :*	*que je rendisse.*

V. Les *temps composés* (85) des divers modes ne sont autre chose que la combinaison du *participe passé* avec les temps auxiliaires *avoir* ou *être*, comme : *j'ai aimé, j'ai fini, j'ai reçu, j'ai rendu; j'avais aimé, j'avais fini ; j'aurai reçu, j'aurais rendu; que j'aie aimé, que j'eusse fini*, etc.

Exercice 124. *L'élève conjuguera quelques-uns des verbes indiqués dans le tableau suivant; il dira à chaque temps si ce temps est primitif ou dérivé, et dans ce dernier cas, d'où se forme le temps dérivé et de quelle manière.*

Il devra en outre apprendre par cœur les temps primitifs de tous les verbes qui composent ce tableau, et il conjuguera de vive voix les verbes qu'il n'aura pas conjugués par écrit.

---

113. — Remarques sur le tableau ci-contre. I. Les composés d'un verbe se conjuguent comme leur simple : ainsi *abattre*, *combattre*, comme *battre; promettre, admettre*, comme *mettre*. Cependant *redire* est le seul composé qui se conjugue comme *dire ;* les autres, tels que *contredire*, *se dédire*, *interdire*, se conjuguent comme *médire*. Quant à *maudire*, il ne diffère de *médire* que par le participe présent, qui prend deux *s : maudissant.*

On conjugue : 1° sur *conduire*, les autres verbes en *uire*, excepté *bruire* et *luire*, qui sont défectifs (voir page 72) ;

2° Sur *craindre*, tous les verbes en *aindre ;*

3° Sur *teindre*, tous ceux en *eindre.*

II. Dans les verbes en *aître* ou en *oître*, comme *naître*, *connaître*, *paraître*, *croître*, l'*i* est surmonté d'un accent circonflexe toutes les fois qu'il est suivi d'un *t;* ainsi l'on écrit : *je nais, tu nais, il naît, nous naissons*, etc.

Cependant l'*i* prend aussi un accent circonflexe : 1° à la 1re personne du pluriel du passé défini, *nous naquîmes ;* 2° au singulier du présent de l'indicatif et de l'impératif du verbe *croître : je croîs, tu croîs, il croît; croîs.*

114. Tableau des temps primitifs des verbes qui suivent les règles de la formation des temps.

PRÉSENT de l'infinitif.	PARTICIPE présent.	PARTICIPE passé.	PRÉSENT de l'indicatif.	PASSÉ défini.
PREMIÈRE CONJUGAISON.				
Aimer	Aimant	Aimé	J'aime	J'aimai, tu aimas
(Voyez page 51 pour certains verbes de la 1re conjug.)				
DEUXIÈME CONJUGAISON.				
Finir	Finissant	Fini	Je finis	Je finis
Asservir	Asservissant	Asservi	J'asservis	J'asservis
Bouillir	Bouillant	Bouilli	Je bous	Je bouillis
Couvrir	Couvrant	Couvert	Je couvre	Je couvris
Dormir	Dormant	Dormi	Je dors	Je dormis
Fuir	Fuyant	Fui, fuie	Je fuis	Je fuis
Haïr (1)	Haïssant	Haï	Je hais	Je haïs
Mentir	Mentant	Menti, s. fém.	Je mens	Je mentis
Offrir	Offrant	Offert	J'offre	J'offris
Ouvrir	Ouvrant	Ouvert	J'ouvre	J'ouvris
Partir	Partant	Parti	Je pars	Je partis
Sentir	Sentant	Senti	Je sens	Je sentis
Servir	Servant	Servi	Je sers	Je servis
Sortir	Sortant	Sorti	Je sors	Je sortis
Souffrir	Souffrant	Souffert	Je souffre	Je souffris
Tressaillir	Tressaillant	Tressailli	Je tressaille	Je tressaillis
Vêtir	Vêtant (2)	Vêtu	Je vêts	Je vêtis
TROISIÈME CONJUGAISON.				
Recevoir	Recevant	Reçu	Je reçois	Je reçus
Pourvoir	Pourvoyant	Pourvu	Je pourvois	Je pourvus
Prévoir	Prévoyant	Prévu	Je prévois	Je prévis
Sursoir ou Surseoir	Sursoyant	Sursis	Je sursois	Je sursis
QUATRIÈME CONJUGAISON.				
Rendre	Rendant	Rendu	Je rends	Je rendis
Battre	Battant	Battu	Je bats	Je battis
Conclure	Concluant	Conclu	Je conclus	Je conclus
Conduire	Conduisant	Conduit	Je conduis	Je conduisis
Confire (3)	Confisant	Confit	Je confis	Je confis

(1) Voir § 95, remarque III.

(2) On trouve *vêtissant, nous vêtissons, je vêtissais,* dans de très-bons auteurs. Nous donnons dans ce tableau les formes qui sont seules admises par l'Académie.

(3) L'imparfait du subjonctif de ce verbe est très-peu usité.

PRÉSENT de l'infinitif.	PARTICIPE présent.	PARTICIPE passé.	PRÉSENT. de l'indicatif.	PASSÉ défini.
Connaître	Connaissant	Connu	Je connais	Je connus
Coudre	Cousant	Cousu	Je couds	Je cousis
Craindre	Craignant	Craint	Je crains	Je craignis
Croire	Croyant	Cru	Je crois	Je crus
Croître	Croissant	Crû	Je croîs	Je crûs
Dire (1)	Disant	Dit	Je dis (1)	Je dis
Écrire	Ecrivant	Ecrit	J'écris	J'écrivis
Exclure	Excluant	Exclu	J'exclus	J'exclus
Joindre	Joignant	Joint	Je joins	Je joignis
Lire	Lisant	Lu	Je lis	Je lus
Maudire	Maudissant	Maudit	Je maudis	Je maudis
Médire (2)	Médisant	Médit	Je médis	Je médis
Mettre	Mettant	Mis	Je mets	Je mis
Moudre	Moulant	Moulu	Je mouds	Je moulus
Naître (3)	Naissant	Né	Je nais	Je naquis
Nuire	Nuisant	Nui, s. fém.	Je nuis	Je nuisis
Oindre	Oignant	Oint	J'oins	J'oignis
Paraître	Paraissant	Paru	Je parais	Je parus
Plaire	Plaisant	Plu	Je plais	Je plus
Prendre (4)	Prenant	Pris	Je prends	Je pris
Repaitre	Repaissant	Repu	Je repais	Je repus
Résoudre	Résolvant	Résolu Résous (5)	Je résous	Je résolus
Rire	Riant	Ri, sans fém.	Je ris	Je ris
Rompre	Rompant	Rompu	Je romps	Je rompis
Suffire	Suffisant	Suffi, s. fém.	Je suffis	Je suffis
Suivre	Suivant	Suivi	Je suis	Je suivis
Taire	Taisant	Tu	Je tais	Je tus
Teindre	Teignant	Teint	Je teins	Je teignis
Vaincre (6)	Vainquant	Vaincu	Je vaincs	Je vainquis
Vivre	Vivant	Vécu	Je vis	Je vécus.

(1) La seconde personne du pluriel du présent de l'indicatif est *vous dites*, et non pas *vous disez;* son composé *redire* fait aussi *vous redites.*

(2) Le pluriel de l'indicatif est *nous médisons, vous médisez, ils médisent.* Tous les composés de *dire*, excepté *redire*, se conjuguent de même.

(3) Les temps composés prennent l'auxiliaire *être : je suis né.* Son composé *renaître* n'a point de participe passé.

(4) Dans ce verbe et dans ses composés, on double la lettre *n* toutes les fois qu'elle est suivie d'un *e* muet *: ils prennent, que je prenne.*

(5) Le participe *résous* s'emploie pour signifier *changé en, dissipé : un brouillard* résous *en pluie.* Il n'a pas de féminin; on y supplée par celui de *résolu.*

(6) Devant *a, e, i, o,* on remplace le *c* par *qu : vainquant, nous vainquons.* Au présent de l'indicatif, la troisième personne du singulier est *il vainc.*

Exercice 125. *Mettez au temps indiqué le verbe qui est entre parenthèses.*

PRÉSENT DE L'INDIC. Je (*dormir*) bien la nuit. — Je (*haïr*) le mensonge. — Il (*haïr*) les méchants. — Nous (*haïr*) le vice. — Tu (*mentir*). — Je (*bouillir*) d'impatience. — Je me (*vêtir*) chaudement dès le mois d'octobre. — Je (*revêtir*) les pauvres. — Que (*dire*)-vous ? — Vous ne (*dire*) pas la vérité. — Vous (*redire*) toujours la même chose. — Vous (*médire*) de tout le monde. — Est-ce que vous (*prédire*) l'avenir ? — Vous nous aviez promis cela, et maintenant vous vous (*dédire*). — Vous vous (*contredire*). — Vous (*maudire*) votre existence ! de quoi vous plaignez-vous ? — Je (*prendre*) mon temps. — Ils (*apprendre*) leurs leçons. — Je (*coudre*) mon cahier. — Elle (*coudre*) sa robe. — Nous (*coudre*) nos vêtements. — Je (*moudre*) du café. — Ce moulin ne (*moudre*) pas assez fin. — Nous (*moudre*) du poivre. — Vous (*moudre*) de très-beau blé. — Les émouleurs (*rémoudre*) les couteaux. — Votre ami vous (*vaincre*) en générosité. — Nous (*vaincre*) tous les obstacles. — La rivière (*croître*).

Exercice 126. *Suite du précédent.*

IMPARFAIT DE L'INDIC. Je me (*vêtir*) autrefois plus légèrement. — Il (*nourrir* et *vêtir*) tous les enfants pauvres du village. — Tu (*coudre*) ton cahier. — Je (*moudre*) du froment. — Nous (*coudre*) nos robes. — Vous (*moudre*) du café. — Nous (*résoudre*) un problème. — Je (*teindre*) ces étoffes. — Nous lui (*peindre*) vainement notre détresse. — Je (*feindre*) de dormir.

PASSÉ DÉFINI. Je (*prévoir*) l'événement. — Je (*recoudre*) mes vêtements comme je pus. — Tu (*coudre*) hier toute la journée. — Nous (*découdre*) tout le linge. — Vous (*coudre*) seulement une heure dans la matinée. — Je (*naître*) au commencement de ce siècle. — Ils (*naître*) le même jour. — Je (*vivre*) longtemps avec eux. — Ils (*vivre*) ensemble. — Il (*survivre*) à ses enfants.

FUTUR. Quand l'eau (*bouillir*), vous m'avertirez. — Je (*tressaillir*) d'aise. — Quand vous le saurez, vous (*tressaillir*) de joie. — Ces légumes ne (*bouillir*) pas avant une heure.

Exercice 127. *Suite du précédent.*

CONDITIONNEL PRÉS. Si tu voyais ce spectacle, tu (*tressaillir*) d'horreur.—L'eau (*bouillir*) plus tôt, si vous entreteniez le feu.

IMPÉRATIF. (*Haïr*, 2e *p. du sing.*) quiconque te flatte. — (*Haïr*, 2e *p. du pl.*) la fourberie. — Ne (*mentir*, 2e *p. du sing.*) pas à ta conscience. — (*Vêtir*, 2e *p. du plur.*) -vous promptement. —(*Vêtir*, 2e *p. du sing.*) -toi plus chaudement. — (*Battre*, 2e *p. du sing.*) ces habits. — (*Coudre*, 2e *p. du sing.*) ces boutons. — (*Coudre*, 1re *p. du pl.*) d'abord tous ces sacs. — (*Dire*, 2e *p. du pl.*)-moi, quand partez-vous ? — (*Redire*, 2e *p. du pl.*)-nous cette histoire. — (*Maudire*, 2e *p. du pl.*) ces trésors qui corrompent votre âme. — (*Dédire*, 2e *p. du pl.*)-vous. — (*Moudre*, 2e *p. du sing.*) d'abord tout ce blé. — (*Moudre*, 1re *p. du pl.*) ce froment. — (*Moudre*, 2e *p. du pl.*) ce café. — (*Oindre*, 2e *p. du sing.*) ces cuirs. — (*Oindre*, 1re *p. du pl.*) les harnais. — (*Résoudre*, 2e *p. du sing.*) ce problème. — (*Résoudre*, 2e *p. du pl.*) la question. — (*Rompre*, 2e *p. du sing.*) avec ces gens-là. — (*Convaincre*, 2e *p. du sing.*)-le si tu peux.

Exercice 128. *Suite du précédent.*

PRÉSENT DU SUBJONCTIF. Je ne crois pas que l'eau (*bouillir*) déjà.—Je veux que tu te (*vêtir*) plus chaudement.—Il faut que je (*pourvoir*) à sa subsistance. — Je ne crois pas que vous (*prévoir*) l'avenir.—Il faut que je (*coudre*) une pièce à sa veste. — Je veux que tu (*recoudre*) ce que tu as décousu. — Il faut d'abord que nous (*moudre*) ce café. — Je veux qu'il (*prendre*) la peine d'étudier. — Il faut d'abord que tu (*apprendre*) la grammaire. — Il faut que tu (*résoudre*) cette question. — On demande que nous (*résoudre*) ce problème.

IMPARFAIT DU SUBJONCTIF. Il voudrait que je (*coudre*) ensemble ces deux morceaux.—Il faudrait que vous (*coudre*) plus solidement les boutons.—Je voudrais qu'il en (*croire*) au moins ses amis. — Dieu a permis que je (*naître*) dans un beau pays. — Il faudrait que tu (*prendre*) mieux tes précautions. — Je voudrais que vous (*vivre*) tout ce temps avec moi. — Dieu a voulu que je (*survivre*) à tous les miens.

Exercice 129. *Suite du précédent.*

PARTICIPE PRÉSENT. En vous (*vêtir*) chaudement, vous n'aurez pas froid. — Il s'est piqué en (*coudre*). — Je me suis coupé en (*émoudre*) ce couteau. — En (*résoudre*) ce problème difficile, vous avez fait preuve d'habileté. — Il est mort en (*maudire*) ceux qui l'avaient entraîné au mal. — Ce n'est pas en (*médire*) sans cesse que vous vous ferez aimer.

PARTICIPE PASSÉ. Ces herbes ont (*bouillir*) trop longtemps. — J'ai (*sentir*) que j'avais tort. — J'ai (*ressentir*) les effets de sa colère. — On a (*surseoir*) à toutes les affaires. — Il a (*croire*) bien faire. — La rivière a (*croître*). — On l'a (*exclure*) de l'assemblée dont il faisait partie. — Elle a été (*exclure, au partic. passé féminin*) de la société. — On a (*résoudre*) vingt fois ce problème. — Le brouillard s'est (*résoudre*) en pluie. — La vapeur s'est (*résoudre, au partic. passé fém.*) en eau. — J'ai (*teindre*) ces étoffes en noir.

Règles sur les terminaisons des verbes.

115. — DEUXIÈME PERSONNE DU SINGULIER. La deuxième personne du singulier se termine par une *s* ou par un *x* : *tu aimes, tu aimais, tu finiras, tu veux*. Excepté à l'impératif des verbes de la 1re conjugaison : *aime, chante* ; et des verbes *avoir, aller, savoir, offrir, ouvrir, cueillir, couvrir, souffrir, tressaillir*, dont l'impératif est *aie, va, sache, offre, ouvre, cueille, couvre, souffre, tressaille*.

116. — TROISIÈME PERSONNE DU SINGULIER. Si la première personne du singulier se termine par une *s* ou un *x*, la troisième se termine par un *t* : *je reçois, il reçoit ; j'aimais, il aimait ; je reçus, il reçut ; je crains, il craint ; je bats, il bat ; je veux, il veut*.

Lorsque l'*s* est précédée d'un *d* à la première personne, la troisième se termine par un *d*, et non par un *t* : *je rends, il rend ; je vends, il vend*.

Dans toutes les conjugaisons, la troisième personne du singulier de l'imparfait du subjonctif se termine par un *t*, et la voyelle qui est avant ce *t* prend un accent circonflexe : *qu'il aimât, qu'il finît, qu'il reçût, qu'il vînt*. Les autres personnes de ce temps ont toujours deux *ss* de suite dans leur terminaison : *que j'aimasse, que tu finisses, que nous finissions, que vous vinssiez, qu'ils tinssent*.

Exercice 130. *Mettez à la 2e personne du singulier et au même temps les verbes qui sont en caractère italique.*

J'ai peur. — *Je regrette* le temps perdu. — *J'attendis*

vainement. — *Je saisissais* l'occasion. — *Je l'empêchai* de sortir. — *Je devais* le voir. — *Je sortirais* volontiers. — *Je serai* docile. — *Je passerai* par là. — *Partons* tout de suite. — *Attendons*-le. — *Écoutons* attentivement. — *Rendons*-lui justice. — *Ayons* soin de cela. — *Allons* le voir. — *Arrêtons* ce cheval. — *Sachons* obéir. — Il faut que *je paraisse* devant lui. — Il désire que *je parte*. — *Offrez*-lui ces fleurs. — *Ouvrons* la porte. — *Cueillez* ces fruits. — *Couvrez* cet enfant. — *Souffrons* avec résignation. — Il voulait que *je l'avertisse* de mon arrivée.

Exercice 131. *Mettez le verbe à la 3e personne du singulier et au même temps.*

Je chantais lorsque vous entrâtes. — *Je guéris* en peu de jours. — *Je veux* sortir. — *Je voulus* aller le voir. — *Je vaux* autant que vous. — *J'avais* raison. — *Je vends* de bonne marchandise. — *Je défends* les jeux dangereux. — *Je recevrais* volontiers vos amis. — *Je prends* les devants. — *Je crains* Dieu. — *Je joins* les mains. — *J'attendrais* inutilement. — *Je mouds* du café. — *Je pars* demain. — *Je dors* bien. — *Je fuis* promptement. — *Je partis* tard. — *Je sentis* le froid. — *Je mets* pied à terre. — *Je couds* un habit. — *Je bats* la campagne. — *Je réponds* honnêtement. — *Je revêts* les pauvres.

Exercice 132. *Mettez le verbe à la 3e personne du singulier de l'imparfait du subjonctif; puis reprenez les mêmes phrases en mettant le verbe successivement aux trois personnes du pluriel du même imparfait.*

Il serait nécessaire que *j'allasse* à la campagne. — Il faudrait que *j'attendisse* trop longtemps. — On désirerait que *je chantasse* sans accompagnement. — Elle voudrait que *je vinsse* de bonne heure.

---

117. — Première personne du pluriel. Elle se termine toujours en *ons : nous aimons*. Excepté au passé défini : *nous aimâmes, nous rendîmes*.

118. — Deuxième personne du pluriel. Elle se termine en *ez : vous aimez, vous finissiez, vous recevrez*. Excepté au passé défini : *vous aimâtes, vous finîtes*.

119. — **Troisième personne du pluriel.** Elle se termine par *ent : ils aiment, ils rendaient.* Excepté les verbes irréguliers *ils ont, ils sont, ils font, ils vont,* et au futur de tous les verbes : *ils aimeront, ils finiront.*

Exercice 133. *Mettez aux trois personnes du pluriel et au même temps les verbes en caractère italique. Exemple :* Nous tremblons de froid, vous tremblez de froid, ils tremblent de froid.

Je tremble de froid. — *Je* lui *offris* des secours. — *Je travaillai* avec ardeur. — *Je hais* les méchants. — *Je devais* partir. — Il voudrait que *je* lui *écrivisse.* — *Je suis* heureux. — Il faut que *je sois* demain à Lyon. — *J'ai* tort. — *Je partirai* ce soir. — *Je* lui *dirai* deux mots. — Il faut que *je serve* promptement. — *Je recevrai* ces messieurs. — *Je fais* grand cas de cela. — *Je vais* à Rome.

Exercice 134. *Comme le précédent.*

Je lui *cédai* le pas. — *Je joue* après la classe. — *Je priais* Dieu. — *Je craignais* de déplaire. — *Je liai* des fagots. — *Je payai* ses dettes. — *J'étudie* l'histoire. — *Je précède* l'armée. — *J'attendais* l'heure. — *J'emploie* bien le temps. — *Je supplée* au nombre. — *Je pris* patience. — *J'agréai* ses excuses. — *J'essaye* de faire le bien. — *Je romps* l'accord. — *J'essuyai* ses larmes.

---

120. — **Terminaisons du futur et du conditionnel.** Dans la 1re conjugaison le futur est en *erai* et le conditionnel en *erais*, avec un *e* muet avant l'*r*, parce que le futur et le conditionnel se forment de l'infinitif, dans lequel l'*r* est précédée d'un *e : aimer, j'aimerai ; garder, je garderai.*

Mais dans les trois autres conjugaisons il n'y a point d'*e* muet devant *rai* au futur, ni devant *rais* au conditionnel, parce que cet *e* n'existe point à l'infinitif avant l'*r : finir, recevoir, rendre.* Ainsi l'on écrit : *je recevrai, je recevrais ; je rendrai, je rendrais ;* et non *je receverai, je renderais.*

Dans les verbes de la 1re conjugaison en *ier, yer, éer,* comme *prier, payer, créer,* les terminaisons du futur et du conditionnel sont aussi en *erai, erais,* quoique l'*e* soit muet dans la prononciation. Ainsi l'on doit écrire *je prierai, je payerai* ou *je paierai, je créerai,* et non *je prirai, je pairai, je crérai.*

Exercice 135. *Mettez à toutes les personnes du futur le verbe de la première phrase de l'exercice 134, puis à toutes les personnes du conditionnel présent le verbe de la phrase suivante, et ainsi de suite jusqu'à la dernière phrase.*

Verbes irréguliers et verbes défectifs.

121. — On appelle verbes *irréguliers*, ceux qui ne suivent pas toujours les règles de la formation des temps; et verbes *défectifs*, ceux qui manquent de quelques-uns de leurs temps ou de quelques personnes.

1° Verbes irréguliers.

122. — Nous n'avons guère en français qu'une vingtaine de verbes qui ne suivent point dans toute leur conjugaison la règle de la formation des temps, et qui, par conséquent, sont véritablement irréguliers. Dans ce nombre sont compris le verbe *être* et le verbe *avoir*, dont la conjugaison a été donnée précédemment.

A ces verbes il faut ajouter environ cinquante verbes qui en sont composés et qui se conjuguent comme leurs simples. Ainsi *renvoyer* se conjugue comme *envoyer; accourir, secourir,* comme *courir; entretenir, obtenir, retenir*, comme *tenir*, etc. *Conquérir* et *requérir* se conjuguent aussi comme *acquérir*.

Voici les temps primitifs et les formes irrégulières de ces verbes :

PREMIÈRE CONJUGAISON.

ALLER. *Participes :* allant, allé. — *Indic. présent :* je vais *ou* je vas, tu vas, il va, nous allons, vous allez, ils vont. — *Passé déf. :* j'allai, tu allas, etc. — *Futur :* j'irai, etc. — *Conditionnel :* j'irais, etc. — *Impératif :* va, allons, allez (devant *y* on écrit *vas* et non *va : vas-y.*) — *Subjonct. prés. :* que j'aille, que tu ailles, qu'il aille, que nous allions, que vous alliez, qu'ils aillent. — Les temps composés prennent l'auxiliaire *être*.

ENVOYER. *Participes :* envoyant, envoyé. — *Indic. prés. :* j'envoie, etc. — *Passé déf. :* j'envoyai, tu envoyas, etc. — *Futur :* j'enverrai, etc. — *Conditionnel :* j'enverrais, etc.

DEUXIÈME CONJUGAISON.

ACQUÉRIR. *Participes :* acquérant, acquis. — *Indic. prés. :* j'acquiers, tu acquiers, il acquiert, nous acquérons, vous acquérez, ils acquièrent. — *Passé déf. :* j'acquis, etc. *Futur :* j'acquerrai, etc. — *Conditionnel :* j'acquerrais, etc. — *Subj. prés. :* que j'acquière, que tu acquières, qu'il acquière, que nous acquérions, que vous acquériez, qu'ils acquièrent.

COURIR. *Participes :* courant, couru. — *Indic. prés. :* je cours, etc. *Passé déf. :* je courus, etc. — *Futur :* je courrai, etc. — *Conditionnel :* je courrais, etc.

CUEILLIR. *Participes :* cueillant, cueilli. — *Indic. prés. :* je cueille, etc. — *Passé déf. :* je cueillis, etc. — *Futur :* je cueillerai, etc. — *Conditionnel :* je cueillerais, etc.

MOURIR. *Participes :* mourant, mort. — *Indic. prés. :* je meurs, tu meurs, il meurt, nous mourons, vous mourez, ils meurent. — *Passé déf. :* je mourus, etc. — *Futur :* je mourrai, etc. — *Conditionnel :* je mourrais, etc. — *Subj. prés. :* que je meure, que tu meures, qu'il meure, que nous mourions, que vous mouriez, qu'ils meurent. — Les temps composés prennent l'auxiliaire *être*.

TENIR. *Participes :* tenant, tenu. — *Indic. prés. :* je tiens, tu tiens, il tient, nous tenons, vous tenez, ils tiennent (on double la lettre *n* devant un *e* muet). — *Passé déf. :* je tins, tu tins, il tint, nous tînmes, vous tîntes, ils tinrent. — *Futur :* je tiendrai, etc. — *Conditionnel :* je tiendrais, etc. — *Subj. prés. :* que je tienne, que tu tiennes, qu'il tienne, que nous tenions, que vous teniez, qu'ils tiennent. A l'*imparf. du subj.* l'*n* est suivie de deux *s* : que je tinsse, que tu tinsses, etc.

VENIR. *Participes :* venant, venu. — *Indic. prés. :* je viens, etc. — *Passé déf. :* je vins, etc. — Il se conjugue comme *tenir;* mais les temps composés prennent l'auxiliaire *être*.

TROISIÈME CONJUGAISON.

ASSEOIR. *Participes :* asseyant *ou* assoyant, assis. — *Indic. prés. :* j'assieds, tu assieds, il assied, nous asseyons, vous asseyez, ils asseyent ; *ou* j'assois, tu assois, il assoit, nous assoyons, vous assoyez, ils assoient. — *Passé déf. :* j'assis, etc. — *Futur :* j'assiérai *ou* j'asseyerai, *ou bien* j'assoirai, etc. — *Conditionnel :* j'assiérais *ou* j'asseyerais, *ou bien* j'assoirais, etc. — *Subj. prés. :* que j'asseye *ou* que j'assoie, etc. (1).

---

(1) Le verbe *asseoir* a, comme on le voit, deux conjugaisons, d'après l'Académie, la première forme (*j'assieds*) ne se dit bien que des personnes et a deux futurs et deux conditionnels : *j'assiérai* ou *j'asseyerai ; j'assiérais* ou *j'asseyerais ;* la seconde forme (*j'assois*) ne se dit que des choses et fait au futur et au conditionnel *j'assoirai, j'assoirais.*

MOUVOIR. *Participes :* mouvant, mû. — *Indic. prés. :* je meus, tu meus, il meut, nous mouvons, vous mouvez, ils meuvent. — *Passé déf. :* je mus, etc. — *Subj. prés. :* que je meuve, que tu meuves, qu'il meuve, que nous mouvions, que vous mouviez, qu'ils meuvent. — Son composé *promouvoir* ne s'emploie qu'au participe passé *promu*, *promue.*

POUVOIR. *Participes :* pouvant, pu (sans féminin). — *Indic. prés. :* je peux *ou* je puis, tu peux, il peut, nous pouvons, vous pouvez, ils peuvent. — *Passé déf. :* je pus, etc. — *Futur :* je pourrai, etc. — *Conditionnel :* je pourrais, etc. — *Impératif* (inusité) : peux, pouvons, pouvez. — *Subj. prés. :* que je puisse, que tu puisses, qu'il puisse, que nous puissions, que vous puissiez, qu'ils puissent.

PRÉVALOIR. Voir *valoir.*

SAVOIR. *Participes :* sachant, su. — *Indic. prés. :* je sais, tu sais, il sait, nous savons, vous savez, ils savent. — *Imparfait :* je savais, etc. — *Passé déf. :* je sus, etc. — *Futur :* je saurai, etc. — *Conditionnel :* je saurais, etc. — *Impératif :* sache, sachons, sachez.

VALOIR. *Participes :* valant, valu. — *Indic. prés. :* je vaux, tu vaux, il vaut, nous valons, vous valez, ils valent. — *Passé déf. :* je valus, etc. — *Futur :* je vaudrai, etc. — *Conditionnel :* je vaudrais, etc. — *Impératif* (peu usité) : vaux, valons, valez. — *Subj. prés. :* que je vaille, que tu vailles, qu'il vaille, que nous valions, que vous valiez, qu'ils vaillent. — Son composé *prévaloir* se conjugue de même, excepté au *présent du subjonctif,* qu'il forme régulièrement : que je prévale, que tu prévales, etc.

VOIR. *Participes :* voyant, vu. — *Indic. prés. :* je vois, tu vois, il voit, nous voyons, vous voyez, ils voient. — *Passé déf. :* je vis, etc. — *Futur :* je verrai, etc. — *Conditionnel :* je verrais, etc. — *Subj. prés. :* que je voie, que tu voies, qu'il voie, que nous voyions, que vous voyiez, qu'ils voient.

VOULOIR. *Participes :* voulant, voulu. — *Indic. prés. :* je veux, tu veux, il veut, nous voulons, vous voulez, ils veulent. — *Passé déf. :* je voulus, etc. — *Futur :* je voudrai, etc. — *Conditionnel :* je voudrais, etc. — *Impératif :* veux, voulons, voulez, *et plus souvent* veuillez (*Académie*). — *Subj. prés. :* que je veuille, que tu veuilles, qu'il veuille, que nous voulions, que vous vouliez, qu'ils veuillent.

QUATRIÈME CONJUGAISON.

BOIRE. *Participes :* buvant, bu. — *Indic. prés. :* je bois, tu bois, il boit, nous buvons, vous buvez, ils boivent. — *Passé déf. :* je bus, etc. — *Subj. prés. :* que je boive, que tu boives, qu'il boive, que nous buvions, que vous buviez, qu'ils boivent.

FAIRE. *Participes :* faisant (*on prononce* fesant), fait. — *Indic. prés. :* je fais, tu fais, il fait, nous faisons (*on prononce* fesons), vous faites, ils font. — *Imparfait :* je faisais (*on prononce* fesais), etc. — *Passé déf. :* je fis, etc. — *Futur :* je ferai, etc. — *Conditionnel :* je ferais, etc. — *Impératif :* fais, faisons (*on prononce* fesons), faites. — *Subj. prés. :* que je fasse, que tu fasses, qu'il fasse, que nous fassions, que vous fassiez, qu'ils fassent.

Exercice 136. *L'élève apprendra par cœur les formes indiquées ci-dessus des verbes irréguliers, et conjuguera tous ces verbes de vive voix ou par écrit.*

Exercice 137. *L'élève mettra les verbes suivants aux temps indiqués.*

Participe présent. Aller, acquérir, conquérir, mourir, tenir, venir, asseoir, mouvoir, pouvoir, savoir, valoir, prévaloir, vouloir, boire, faire.

Présent de l'indicatif (à toutes les personnes). Aller, envoyer, acquérir, conquérir, mourir, tenir, venir, asseoir, mouvoir, pouvoir, savoir, valoir, vouloir, boire, faire, défaire.

Exercice 138. *Suite du précédent.*

Imparfait de l'indic. (en entier). Savoir, boire, faire.

Futur (en entier). Aller, envoyer, acquérir, requérir, courir, cueillir, mourir, tenir, venir, asseoir, pouvoir, savoir, valoir, voir, vouloir, faire.

Conditionnel prés. Seulement la 1re personne du singulier des mêmes verbes *aller, envoyer, acquérir,* etc.

Exercice 139. *Suite du précédent.*

Impératif (en entier). Aller, envoyer, savoir, valoir, vouloir, faire, refaire.

Présent du subjonctif (en entier). Aller, acquérir, conquérir, mourir, tenir, venir, asseoir, mouvoir, pouvoir, savoir, valoir, voir, vouloir, boire, faire.

2° Verbes défectifs.

123. — Il y a plus de soixante verbes défectifs ; mais la plupart d'entre eux sont de vieux mots presque entièrement inusités. Nous ne donnerons ici que ceux qui ne sont pas hors d'usage.

PREMIÈRE CONJUGAISON.

PUER. « Ce verbe n'est usité qu'à l'*infinitif*, au *prés. de l'indic.* : je pue, tu pues, il pue, nous puons, vous puez, ils puent ; à l'*imparfait* : je puais, etc. ; au *futur* : je puerai, etc. ; au *conditionnel* : je puerais, etc. » (*Acad.*) — Le *prés. du subj.* : que je pue, etc. et le *participe prés.*, puant, se disent aussi ; mais il n'y a point de participe passé.

DEUXIÈME CONJUGAISON.

FAILLIR. L'Académie conjugue ainsi ce verbe : *Indic. prés.* : je faux, tu faux, il faut, nous faillons, vous faillez, ils faillent. — *Imparfait* : je faillais, etc. — *Passé déf.* : je faillis, etc. — *Futur* : je faudrai, etc. — *Participe prés.* : faillant. — *Partic. passé* : failli, faillie. Et elle fait remarquer que plusieurs de ces temps sont peu usités. Les temps composés, au contraire, le sont beaucoup.

GÉSIR (être couché, étendu). Ce verbe n'est guère usité qu'à la troisième personne du singulier du *prés. de l'indic.* : il gît, ci-gît ; et au *partic. prés.* : gisant. Suivant l'Académie, on dit encore, au *prés. de l'indic.* : nous gisons, vous gisez, ils gisent ; et à l'*imparfait* : je gisais, tu gisais, etc.

OUÏR (entendre). « On ne se sert aujourd'hui presque jamais de ce verbe qu'à l'infinitif et aux temps formés du participe *ouï* et du verbe *avoir*. » (*Acad.*) Cependant le dictionnaire de l'Académie donne les formes suivantes, que l'on trouve dans les anciens auteurs : *Indic. prés.* : j'ois, tu ois, il oit, nous oyons, vous oyez, ils oient. — *Imparfait* : j'oyais, etc. — *Passé déf.* : j'ouïs, tu ouïs, etc. — *Futur* : j'oirai, etc. — *Conditionnel* : j'oirais, etc. — *Impératif* : ois, oyons, oyez. — *Subj. prés.* : que j'oie ou que j'oye, etc. — *Imparfait* : que j'ouïsse, etc. — *Partic. prés.* : oyant.

QUÉRIR (aller chercher, venir prendre). Ce verbe ne s'emploie qu'à l'infinitif présent. (L'Académie écrit *querir*.)

TROISIÈME CONJUGAISON.

CHOIR (tomber). Il n'est usité qu'au *prés. de l'infinitif* et au *participe passé* : chu, chue.

Déchoir. « Point de participe présent, d'imparfait de l'indicatif ni d'impératif. » (*Acad.*) — Les autres temps se conjuguent ainsi : *Indic. prés. :* je déchois, tu déchois, il déchoit, nous déchoyons, vous déchoyez, ils déchoient. — *Passé déf. :* je déchus, etc. — *Futur :* je décherrai, etc. — *Conditionnel :* je décherrais, etc. — *Subj. prés. :* que je déchoie, que tu déchoies, qu'il déchoie, que nous déchoyions, que vous déchoyiez, qu'ils déchoient. — *Imparfait :* que je déchusse, etc. — *Partic. passé :* déchu, déchue. — Les temps composés prennent *être* ou *avoir*.

Échoir. « Au présent de l'indicatif, il n'est guère usité qu'à la troisième personne du singulier, *il échoit*, qu'on prononce et qu'on écrit même quelquefois *il échet*. — *Passé déf. :* j'échus, etc. — *Futur :* j'écherrai, etc. — *Conditionnel :* j'écherrais, etc. — *Imparfait du subj. :* que j'échusse, etc. — *Partic. prés. :* échéant. — *Partic. passé :* échu, échue. » (*Acad.*) — Les temps qui manquent sont donc : l'imparfait de l'indicatif, l'impératif et le subjonctif présent. Les temps composés prennent l'auxiliaire *être*.

Falloir. « Verbe impersonnel. Il n'a ni impératif ni participe présent. » (*Acad.*) — *Indic. prés. :* il faut. — *Imparfait :* il fallait. — *Passé déf. :* il fallut. — *Futur :* il faudra. — *Conditionnel :* il faudrait. — *Subj. prés. :* qu'il faille. — *Imparfait :* qu'il fallût. — *Partic. passé :* fallu ; pas de féminin.

Pleuvoir. Verbe impersonnel. Voyez plus loin sa conjugaison.

Ravoir. Il n'est usité qu'à l'infinitif.

Seoir (être convenable). Il n'est plus d'usage à l'infinitif et ne s'emploie qu'aux troisièmes personnes des temps suivants : *Indic. prés. :* il sied, ils siéent. — *Imparfait :* il seyait. — *Futur :* il siéra, ils siéront. — *Conditionnel :* il siérait, ils siéraient. — L'Académie donne aussi le participe présent *seyant*.

QUATRIÈME CONJUGAISON.

Absoudre. Ce verbe n'a point de passé défini ni d'imparfait du subjonctif. — *Indic. prés. :* j'absous, tu absous, il absout, nous absolvons, vous absolvez, ils absolvent. — *Imparfait :* j'absolvais, etc. — *Futur :* j'absoudrai, etc. — *Conditionnel :* j'absoudrais, etc. — *Impératif :* absous, absolvons, absolvez. — *Subj. prés. :* que j'absolve, etc. — *Partic. prés. :* absolvant. — *Partic. passé :* absous, absoute. — *Dissoudre* se conjugue de même.

Accroire. Ce verbe ne s'emploie qu'à l'infinitif.

Braire. « On ne l'emploie guère qu'à l'*infinitif* et aux troisiémes personnes du *prés. de l'indic. :* il brait, ils braient ; du *futur :* il braira, ils brairont, et du *conditionnel :* il brairait, ils brairaient. » (*Acad.*)

Bruire. « Il n'est guère usité qu'à l'infinitif, à la troisième personne du singulier du *prés. de l'indic. :* il bruit ; et aux troisièmes personnes de l'*imparfait :* il bruyait, ils bruyaient. » (*Acad.*) — *Bruyant* n'est point participe, mais adjectif.

Clore. Voici comment l'Académie conjugue ce verbe : *Indic. prés. :* je clos, tu clos, il clôt. Point de pluriel. — *Futur :* je clôrai, etc. — *Conditionnel :* je clôrais, etc. — *Partic. passé :* clos, close. — Les autres temps simples manquent ; tous les temps composés sont usités.

Éclore. Ce verbe n'est usité qu'à l'infinitif et aux troisièmes personnes des temps suivants : *Indic. prés. :* il éclôt, ils éclosent. — *Futur :* il éclôra, ils éclôront. — *Conditionnel :* il éclôrait, ils éclôraient. — *Subj. prés. :* qu'il éclose, qu'ils éclosent. Il n'a point de participe présent. Le *partic. passé* est éclos, éclose. — Les temps composés prennent l'auxiliaire *être ;* ils sont tous usités, mais seulement aux troisièmes personnes.

Forfaire. Il n'est usité qu'à l'infinitif et aux temps composés, qui prennent *avoir :* j'ai forfait, etc.

Frire. « Outre l'infinitif, il n'est usité qu'au singulier du *prés. de l'indic. :* je fris, tu fris, il frit ; au *futur :* je frirai, tu friras, etc. ; au *condit. prés. :* je frirais, etc. ; à la deuxième personne du singulier de l'*impératif :* fris ; et aux temps composés du *partic. passé :* frit, frite. » (*Acad.*) — On emploie presque toujours ce verbe avec le verbe *faire :* je fais frire, je ferai frire, etc.

Luire. Le passé défini, l'impératif et l'imparfait du subjonctif manquent. — *Indic. prés. :* je luis, tu luis, il luit, nous luisons, vous luisez, ils luisent. — *Imparfait :* je luisais, etc. — *Futur :* je luirai, etc. — *Conditionnel :* je luirais, etc. — *Subj. prés. :* que je luise, etc. — *Partic. prés. :* luisant. — *Partic. passé :* lui ; pas de féminin. — *Entre-luire* n'est guère usité qu'à l'infinitif.

Occire (tuer). Il n'est usité qu'à l'infinitif, au participe passé, *occis, occise*, et aux temps composés.

Paître. Il n'a ni passé défini, ni imparfait du subjonctif, ni temps composés. L'Académie conjugue ainsi les autres temps : *Indic. prés. :* je pais, tu pais, il paît, nous paissons, vous paissez, ils paissent. — *Imparfait :* je paissais, etc. — *Futur :* je paîtrai, etc. — *Conditionnel :* je paîtrais, etc. — *Impératif :* pais, paissons, paissez. — *Subj. prés. :* que je paisse, etc. —*Partic. prés. :* paissant. —*Partic. passé :* pu (usité seulement comme terme de fauconnerie). — Son composé, *repaître*, n'est point défectif. (Voir le tableau des temps primitifs page 60.)

Poindre. Ce verbe, qui signifie commencer à paraître, en parlant du jour, ne s'emploie guère qu'à l'infinitif et à la troisième personne du futur, *il poindra.* (*Acad.*)

Traire. Le passé défini et l'imparfait du subjonctif manquent. — *Indic. prés. :* je trais, tu trais, il trait, nous trayons, vous trayez, ils traient. — *Imparfait :* je trayais, etc. — *Futur :* je trairai, etc. — *Conditionnel :* je trairais, etc. — *Impératif :* trais, trayons, trayez. — *Subj. prés. :* que je traie, etc. — *Partic. prés.* trayant. — *Partic. passé :* trait, traite. — Conjuguez de même tous ses composés, *abstraire, distraire, soustraire*, etc. Quant à *attraire*, il ne s'emploie qu'à l'infinitif (*attrayant* est un adjectif).

Exercice 140. *L'élève copiera, apprendra par cœur et récitera les observations précédentes sur les verbes défectifs.*

Sujet du verbe. — Remarques sur les sujets.

124. — Sujet. On appelle *sujet* du verbe la personne ou la chose qui fait l'action ou qui est dans l'état exprimé par le verbe. On trouve le sujet en mettant *qui* devant le verbe ; la réponse à cette question indique le sujet. Exemples :

Dieu gouverne le monde. — *Qui* gouverne le monde ? Réponse : *Dieu ;* voilà le sujet du verbe *gouverne.*

Le cheval galope. — *Qui* galope ? Réponse : *le cheval ;* le mot *cheval* est le sujet du verbe *galope.*

L'enfant est sage. — *Qui* est sage ? Réponse : *l'enfant ;* voilà le sujet du verbe *est.*

125. — Remarque. Tout verbe qui est à un mode personnel, c'est-à-dire, autre que l'infinitif et le participe, a un sujet exprimé ou sous-entendu.

Exercice 141. *Indiquez d'abord les sujets des verbes ; puis faites l'analyse des noms, des articles, des adjectifs, des pronoms et des verbes.*

Dieu a créé le ciel et la terre. — L'homme doit tout à la bonté du Créateur. — Les oiseaux volent dans les airs, les poissons nagent dans l'eau. — L'acier est du fer contenant un peu de charbon. — Les insensés méprisent la sagesse et l'instruction. — Votre frère m'a écrit.

---

126. — Remarques. I. Le sujet du verbe est ordinairement un nom, comme dans les exemples ci-dessus, ou un pronom, comme dans *je lis*, *tu joues*, *il parle* (*je*, sujet de *lis*; *tu*, sujet de *joues*; *il*, sujet de *parle*).

Quelquefois le sujet d'un verbe est un autre verbe à l'infinitif. Exemple : *Manger trop est nuisible à la santé* (*manger trop*, sujet du verbe *est*).

II. Les pronoms *je*, *tu*, *il*, *ils*, ne peuvent s'employer que comme sujets du verbe ; on peut en dire autant des pronoms *elle*, *elles* (1).

III. Les pronoms *nous* et *vous* ne sont sujets que quand ils répondent à la question *qui*, suivie du verbe. Exemple : *Nous marchons. Vous viendrez me voir.* — Qui marche ? *nous* (sujet de *marchons*) ; qui viendra me voir ? *vous* (sujet de *viendrez*). Mais, dans cette phrase : *Dieu nous voit*, le pronom *nous* n'est point sujet ; car en faisant la question : *Qui nous voit ?* la réponse montre que c'est *Dieu* qui est le sujet du verbe *voit*.

IV. Le pronom indéfini *on* ou *l'on* est toujours sujet ; il est de la troisième personne du singulier : *On dit. Si l'on m'appelle.*

V. Le sujet est placé quelquefois après le verbe. Exemples : *Que fait votre frère ?* (c'est-à-dire, votre frère fait quoi ?) *Que demandez-vous ?* (vous demandez quoi ?) *Que dit-on ?* (on dit quoi ?) *As-tu fini ?* (est-ce que tu as fini ?) *Mon ami, dit Pythagore, est un autre moi-même* (Pythagore dit, etc.).

VI. Le pronom *qui* peut être, comme nous l'avons vu (69 et 74), ou conjonctif ou interrogatif. Lorsqu'il est conjonctif, il est toujours sujet du verbe qui le suit : *Dieu, qui règne, veut être obéi* (le pronom *qui* est le sujet du verbe *règne*, *Dieu* est sujet du verbe *veut*).

Lorsqu'il est interrogatif, tantôt il est sujet et tantôt il ne l'est pas ; ainsi, dans cette phrase, *qui vient ici ? qui* est sujet du verbe *vient*. Mais dans celle-ci : *Qui demandez-vous ?* le sujet est *vous* et non pas *qui* ; c'est comme si l'on disait : *Vous demandez qui, quelle personne ?*

---

(1) Cependant il faut remarquer que les pronoms *elle*, *elles* sont aussi quelquefois compléments, comme dans les phrases où ils sont employés par *apposition* ; exemple : *Je l'ai donc vue mourir, elle dont les jours m'étaient si chers !*

VII. Le pronom *ce*, suivi de *qui*, de *que* ou d'un autre pronom conjonctif, est souvent sujet; exemple : Ce *que vous faites me déplaît*. Pour voir si *ce* est sujet, on le remplace par le mot *la chose*, et l'on fait la question *qui?* devant le verbe : *la chose que vous faites me déplaît*. Qui me déplaît? réponse : *la chose*; donc *la chose*, et par conséquent le pronom *ce*, qui en tient la place, est sujet du verbe *déplaît*.

VIII. A l'impératif, le sujet est toujours un pronom sous-entendu. Exemple : *Lisez*, c'est-à-dire, *vous, lisez*.

Exercice 142. *Indiquez les sujets et leurs verbes dans les phrases des exercices 72, 73 et 74.*

Accord du verbe avec son sujet.

127. — Règle. Tout verbe doit être au même nombre et à la même personne que son sujet.

Exemples : *Je parle*; le verbe *parle* est au nombre singulier et à la première personne, parce que *je*, son sujet, est du singulier et de la première personne. *Vous parlez tous deux; parlez* est au nombre pluriel et à la seconde personne, parce que son sujet *vous* est du pluriel et de la seconde personne.

Exercice 143. *Reprenez l'exercice 142 et dites pourquoi le verbe de chaque phrase est à tel nombre et à telle personne.*

Exercice 144. *Mettez au présent de l'indicatif les verbes qui sont entre parenthèses et faites-les accorder avec leurs sujets.*

Toutes les planètes (*tourner*) autour du soleil. — Ces enfants (*jouer*) et (*rire*) de bon cœur. — Vous (*faire*) votre devoir et nous (*faire*) le nôtre. — En étudiant tu (*travailler*) pour ton avenir, tu (*apprendre*) des choses qui (*être*) utiles à tous les hommes. — Vous me (*dire*) là des choses qui (*n'avoir*) pas l'apparence de la vérité. — Nous (*aimer*) que l'on nous (*louer*). — Il (*exister*) des masses immenses d'eau glacée sous les pôles ; et les voyageurs qui (*naviguer*) dans les mers du nord (*rencontrer*) souvent des montagnes flottantes de glace, et (*finir*) par être arrêtés au milieu des glaçons, qui ne leur (*permettre*) plus d'avancer.

---

128. — Remarques. I. Quand un verbe a deux sujets du singulier, on met ce verbe au pluriel. Exemple : *Mon frère et ma sœur lisent.*

II. Quand un verbe a deux ou plusieurs sujets de différentes personnes, l'accord du verbe doit se faire avec la première personne de préférence à la seconde, avec la seconde de préférence à la troisième. Exemple : *Vous et moi nous* lisons; *vous et votre frère vous* lisez.

(La politesse veut que l'on nomme d'abord la personne à laquelle on parle, et que l'on se nomme soi-même le dernier.)

III. Le verbe s'accorde toujours avec son sujet, même lorsque ce sujet vient après. Exemple : *Voilà ce que lui* envoient ses parents.

Exercice 145. *Copiez en mettant le verbe au temps et au mode indiqués.*

La Providence (*veiller* au *prés. de l'indic.*) sur l'Univers. — Toi et moi nous (*être* au *prés. de l'indic.*) du même âge. — Vous et lui vous (*obtenir* au *futur*) tous les prix. — C'était une lourde voiture que (*traîner* à *l'imparf. de l'indic.*) six forts chevaux. — Les eaux de la rivière débordée (*couvrir* au *prés. de l'indic.*) la campagne. — Le chameau et le dromadaire (*être* au *prés. de l'indic.*) sobres et (*porter* au *prés. de l'indic.*) de lourds fardeaux. — L'Asie et l'Amérique (*produire* au *prés. de l'indic.*) du sucre, du café et du coton. — Le père et la mère (*prendre* au *prés. de l'indic.*) soin de leurs enfants. — Noé (*construire* au *passé déf.*) l'arche dans laquelle (*entrer* au *passé déf.*) les animaux qui (*être* au *passé déf.*) sauvés du déluge.

Exercice 146. *Comme le précédent.*

La mouche et la fourmi (*contester* à *l'imparfait de l'indic.*) de leur prix. — Toi et moi nous (*avoir* au *passé indéfini*) tort de mal employer notre temps. — Votre père et votre mère vous (*aimer* au *présent de l'indicatif*) et ne (*travailler* au *présent de l'indicatif*) que pour vous. — Vous et lui vous nous (*précéder* au *futur*). — Toi et ton frère vous ne (*tromper* au *futur*) pas l'espoir de vos parents. — L'envie, la colère, la paresse et l'intempérance (*souiller* au *présent de l'indicatif*) l'âme. — Votre mère et moi nous (*espérer* au *présent de l'indicatif*) que vous (*faire* au *futur*) de bonnes études. — L'évaporation de l'eau, la formation des nuages, et la pluie, qui en est la suite nécessaire, (*être* au *présent de l'indicatif*) autant de bienfaits de la Providence.

Verbe actif. — Verbe transitif. — Compléments.

129. — Les verbes attributifs (79) peuvent se diviser d'une part en verbes *actifs* et *passifs*, d'autre part en verbes *transitifs* et *intransitifs*, ou *neutres*. On distingue en outre deux sortes de verbes, qui rentrent dans l'une de ces deux dernières classes : les verbes *pronominaux* et les verbes *impersonnels*.

130. — Verbe actif. — Verbe transitif. On appelle *verbe actif* tout verbe exprimant une action faite par le sujet : Je *pousse*, je *mange*, j'*aime*, etc.

Lorsque l'action passe directement du sujet sur une personne ou sur une chose, ce verbe est en même temps *transitif*.

Exemple : *Charles pousse son frère*. Charles fait l'action de pousser, et cette action passe directement sur son *frère*, qui la reçoit. Le verbe *pousse* est à la fois un verbe actif et transitif.

Le chat mange la souris. Le chat fait l'action de manger, et cette action est soufferte, supportée par la *souris; mange* est donc à la fois un verbe actif et transitif.

J'aime Dieu. — Je fais l'acte d'aimer, et cet acte passe directement à *Dieu : aimer* est à la fois un verbe actif et transitif.

On reconnaît qu'un verbe est *transitif* quand on peut mettre *quelqu'un* ou *quelque chose* après ce verbe. *Aimer*, *réciter*, sont des verbes transitifs, parce qu'on peut dire : *J'aime quelqu'un, je récite quelque chose;* par exemple : *J'aime Dieu*, *je récite ma leçon*.

131. — Complément direct. Le *complément direct* est la personne ou la chose qui souffre, qui supporte l'action faite par le sujet, ou qui est l'objet de cette action.

Exemple : *Charles pousse son frère*. — Charle pousse *qui?* Réponse : *son frère ;* voilà le complément direct.

Le chat mange la souris. — Le chat mange *quoi?* Réponse : *la souris ;* c'est le complément direct.

J'aime Dieu. — J'aime *qui?* Réponse : *Dieu ;* complément direct.

Ainsi, on trouve le complément direct en faisant la question *qui?* ou *quoi?* après le verbe.

Remarque. On peut conclure de ce qui précède : 1° qu'un verbe n'est réellement transitif que lorsqu'il a un complément direct ; exemple : *Je lis l'histoire; j'étudie ma leçon;* 2° qu'un verbe transitif peut devenir accidentellement intransitif; exemples : *Je lis, j'étudie* (1).

182. — Complément indirect. — Le *complément indirect* est le mot qui, à l'aide d'une préposition exprimée ou sous-entendue, telle que *à, de, pour*, indique la personne ou la chose à laquelle tend, aboutit, se termine l'action marquée par le verbe, ou de laquelle part, provient, dérive cette action ou l'état du sujet. Le complément indirect répond à l'une des questions *à qui? à quoi? de qui? de quoi? pour qui? pourquoi? d'où?* etc.

Exemples : *Il a donné des vêtements* aux pauvres (à les pauvres). L'action de *donner* aboutit *aux pauvres*; il a donné *à qui? aux pauvres*, complément indirect.

Donnez-moi *du papier*. — Donnez *à qui?* Réponse : *à moi* (*à* sous-entendu). L'action de *donner* aboutit à *moi*; *moi* est un complément indirect.

J'ai reçu de mon père *un bon conseil*. — J'ai reçu *de qui?* Réponse : *de mon père*, complément indirect.

Cueillir des fleurs pour sa mère. — *Pour qui?* — Réponse : *pour sa mère*, complément indirect.

Je viens de Rome *et je vais* à Paris. L'action de *venir* part de Rome et l'action d'*aller* aboutit à Paris : je viens *d'où?* de Rome; *je vais où?* à Paris : *de Rome* et *à Paris* sont des compléments indirects.

Exercice 147. *Indiquez les verbes transitifs ainsi que leur complément direct et leur complément indirect.*

Dieu extermina le genre humain par le déluge; il ne sauva que Noé et sa famille. — D'après l'ordre de Dieu, Noé construisit une grande arche qui flottait sur les eaux. — Noé eut trois fils : Sem, Cham et Japhet, qui repeuplèrent le monde. — Dieu fit alliance avec Abraham, descendant de Sem. — Isaac, fils d'Abraham, épousa Rébecca. — Jacob, fils d'Isaac, eut douze enfants. — Les enfants de Jacob vendirent leur frère Joseph à des marchands égyptiens.

Exercice 148. *Suite du précédent.*

Dieu protégea l'innocent Joseph. Devenu ministre du roi d'Égypte, Joseph pardonna à ses frères, appela son père au-

(1) Ces verbes peuvent être considérés comme *absolus*, c'est-à-dire comme exprimant l'action d'une manière absolue, sans aucun rapport à un complément.

près de lui, et établit ses frères en Égypte. — Les descendants de Jacob prirent en Égypte le nom de Juifs ou Hébreux. — Les rois d'Égypte persécutèrent les Juifs. — Moïse délivra les Hébreux et donna des lois à ce peuple. Sous sa conduite, les Hébreux sortirent de l'Égypte et traversèrent la mer Rouge. — Josué succéda à Moïse. L'armée des Juifs passa le Jourdain à pied sec et prit la ville de Jéricho. — Josué établit le peuple hébreu dans la terre promise.

Exercice 149. *Donnez un complément direct à chacun des verbes suivants :*

Secourir, punir, payer, prier, fuir, savoir, coudre, chasser, défendre.

Remarques sur les compléments des verbes.

133. — I. Les mots *le*, *la*, *les*, *l'*, placés devant un verbe, ou après un verbe auquel ils sont joints par un trait d'union, sont pronoms et toujours compléments directs de ce verbe. Exemples : *Je* **le** *connais ; je* **la** *vois ; reçois-***les**.

II. Les pronoms *nous* et *vous*, lorsqu'ils ne sont pas sujets, sont compléments directs ou compléments indirects. Ils sont compléments directs dans ces exemples : *Il nous loue, il nous aime ;* c'est-à-dire, il loue *nous*, il aime *nous*. Ils sont compléments indirects lorsqu'ils signifient *à nous, à vous*, comme dans *il* **nous** *parle, il* **vous** *a écrit ;* c'est-à-dire, il parle *à nous*, il a écrit *à vous*.

III. Les pronoms *me*, *moi*, *te*, *toi*, *se* ou *s'* sont ordinairement compléments directs. Mais s'ils sont mis pour *à moi*, *à toi*, *à soi*, ils sont compléments indirects. Exemples : *Il* **me** *parle* (il parle *à moi*) ; *donne-***moi** *du papier* (donne *à moi* du papier).

IV. Les pronoms *lui*, *leur* (signifiant, *à lui*, *à elle*, *à eux*, *à elles*), *dont*, *de qui*, *de quoi*, *duquel*, *à qui*, *à quoi*, *auquel* et *y* sont toujours compléments indirects. Exemples : *Je* **lui** *écrirai* (j'écrirai *à lui*), *je* **leur** *écrirai* (j'écrirai *à eux*, *à elles*).

V. Le mot *que*, lorsqu'il est pronom, est complément direct du verbe qui le suit (1). Exemples : *Voici le livre* **que** *j'ai acheté ;* c'est-à-dire, *voici le livre*, lequel livre *j'ai acheté ;* le pronom *que* est complément direct du verbe *j'ai acheté*.

---

(1) Il faut excepter le cas où ce verbe est considéré comme impersonnel, comme dans cette phrase : *Les froids* qu'*il a fait m'ont empêché de sortir.*

VI. Le pronom *ce*, suivi de *qui* ou d'un autre pronom conjonctif, est souvent sujet (voir page 75, remarque VII) ; il est souvent aussi complément direct. En le remplaçant par le mot *la chose*, on voit s'il est sujet ou complément. Exemple : *Donnez-lui* ce qui *lui conviendra le mieux* ; c'est-à-dire, *donnez-lui* la chose *qui lui conviendra le mieux*. Ici le mot *la chose*, et par conséquent le pronom *ce*, qui en tient la place, est complément direct.

VII. Le mot *en*, signifiant *de lui, d'elle, d'eux, de là*, est complément indirect. Exemples : *Je n'oublierai jamais les services que j'***en** *ai reçus* ; c'est-à-dire, que j'ai reçus *de lui, d'elle, d'eux*, etc. — *Vient-il de la ville? Oui, il* **en** *vient*. (Il vient *de là, de la ville.*)

Lorsque le pronom *en* est pris dans le sens partitif, il tient la place de la préposition *de*, accompagnée d'un pronom, et il équivaut à *de cela, d'eux, d'elles, des personnes* ou *des choses dont on parle*; exemples : *Avez-vous reçu des étrennes?* **J'en** *ai reçu quelques-unes* ; c'est-à-dire, j'ai reçu *quelques-unes* **de cela, d'elles.** *Voulez-vous du pain ? Oui*, j'**en** *veux* ; c'est-à-dire, *je veux* (une partie) **de cela.** Dans ce cas, le pronom *en* est complément déterminatif des mots *quelques-uns, quelques-unes, une partie*, etc., exprimés ou sous-entendus.

Exercice 150. *Indiquez les compléments directs et les compléments indirects des verbes transitifs dans les phrases des Exercices 72, 73 et 74.*

Exercice 151. *Copiez en colonne et faites l'analyse des noms, des articles, des adjectifs, des pronoms, des verbes avec le temps, le nombre et la personne ; indiquez aussi les sujets et désignez les verbes qui sont transitifs, ainsi que leurs compléments directs et leurs compléments indirects.*

Clovis fixa sa résidence à Paris ; il eut quatre fils qui partagèrent entre eux la succession de leur père. — Mon oncle nous a avertis de son arrivée : nous l'attendons demain. — Je vous engage à bien faire vos devoirs. — Votre ami nous a adressé des reproches. Il m'a écrit une lettre ; je vous dirai ce dont il se plaint. — J'envoie ce panier de fruits à ma sœur.

Verbe passif.

134. — On appelle verbe *passif* tout verbe qui exprime une action soufferte, supportée par le sujet ; exemple : *La souris est mangée par le chat.*

Tout verbe transitif peut avoir un *passif*. Ce passif se forme en prenant le *complément direct* du verbe transitif pour en faire le *sujet* du verbe passif et en ajoutant après le verbe les mots *par* ou *de*. Ainsi, pour tourner par le passif cette phrase : *Le chat mange la souris*, dites : *La souris est mangée par le chat. J'aime mon père tendrement*, dites : *Mon père est tendrement aimé de moi.*

135. — Dans la langue française, ce que nous appelons *verbe passif* n'est autre chose que le verbe *être* suivi d'un participe passé, qui est employé comme adjectif et qui s'accorde en genre et en nombre avec le sujet. On conjugue donc le verbe passif absolument comme le verbe *être*. Exemple :

MODE **INDICATIF**. PRÉSENT.

Je suis	*aimé* ou *aimée*
Tu es	*aimé* ou *aimée*
Il est	*aimé* ou elle est *aimée*
Nous sommes	*aimés* ou *aimées*
Vous êtes	*aimés* ou *aimées*
Ils sont	*aimés* ou elles sont *aimées*

IMPARFAIT.

J'étais aimé *ou* aimée, etc.

PASSÉ DÉFINI.

Je fus aimé *ou* aimée, etc.

PASSÉ INDÉFINI.

J'ai été aimé *ou* aimée, etc.

PASSÉ ANTÉRIEUR.

J'eus été aimé *ou* aimée, etc.

PLUS-QUE-PARFAIT.

J'avais été aimé *ou* aimée, etc.

FUTUR.

Je serai aimé *ou* aimée, etc.

FUTUR ANTÉRIEUR.

J'aurai été aimé *ou* aimée, etc.

MODE **CONDITIONNEL**.

PRÉSENT.

Je serais aimé *ou* aimée, etc.

PASSÉ.

J'aurais été *ou* j'eusse été } aimé *ou* aimée, etc.

MODE **IMPÉRATIF**.

Sois aimé *ou* aimée, etc.

MODE **SUBJONCTIF**.

PRÉSENT.

Que je sois aimé *ou* aimée, etc.

IMPARFAIT.

Que je fusse aimé *ou* aimée, etc.

PASSÉ.

Que j'aie été aimée *ou* aimée, etc.

PLUS-QUE-PARFAIT.

Que j'eusse été aimé *ou* aimée, etc.

MODE **INFINITIF**.

PRÉSENT.

Être aimé *ou* aimée

PASSÉ.

Avoir été aimé *ou* aimée

PARTICIPE PRÉSENT

Étant aimé *ou* aimée.

PARTICIPE PASSÉ.

Ayant été aimé *ou* aimée.

Exercice 152. *Tournez les phrases suivantes par le passif.*

Le soleil éclaire la terre. — La Seine, la Loire, le Rhône et la Garonne arrosent la France. — Ces messieurs vous ont adressé une demande. — Des vaisseaux nous apportent les productions de l'Amérique. — Romulus et Rémus fondèrent Rome. — Les Français vainquirent les Espagnols à la bataille de Rocroi. — La mer Méditerranée baigne les côtes méridionales de l'Europe. — J'ai écrit cette lettre. — Il prononça quelques mots d'excuses. — Mes parents vous recevront bien.

Exercice 153. *Tournez les phrases suivantes par l'actif.*

Une lettre vous a été adressée par quelqu'un. — Ils ont été grondés par leur maître. — L'Amérique fut découverte par Christophe Colomb, l'an 1492. — Votre cousin a été prévenu par moi. — Nous serons surpris par la nuit. — Il fut largement récompensé. — Dans une éclipse de soleil, cet astre est caché par la lune, en totalité ou en partie. — Le sucre nous est fourni par l'Amérique, par l'Afrique et par l'Asie. — Les Gaules furent envahies par les Francs vers l'an 420.

Exercice 154. *L'élève conjuguera quelques verbes sous la forme passive.*

Verbe neutre ou intransitif.

136. — Le verbe *neutre* ou *intransitif* est celui qui exprime l'*état* du sujet, ou bien une *action* faite par le sujet ; mais il n'a point de complément *direct*.

On reconnaît qu'un verbe est *intransitif*, quand on ne peut pas mettre après lui *quelqu'un* ou *quelque chose*. Ainsi *dormir*, *marcher*, sont des verbes intransitifs, parce qu'on ne peut pas dire : *Je dors quelqu'un, je marche quelque chose.*

137. — Remarques. Cependant certains verbes intransitifs peuvent devenir accidentellement transitifs, c'est-à-dire prendre un complément direct ; exemples : *Vous ne courez aucun danger. Sortez ce cheval de l'écurie.* (Acad.)

138. — Les verbes réellement intransitifs n'ont pas de complément direct. Le nom ou l'adjectif dont ils sont souvent accompagnés, sont des *qualificatifs* du sujet et non des compléments du verbe. Exemples : *De berger il devint* roi. Il devint quoi ? *roi :* le mot *roi* est qualificatif du sujet *il*, et non complément du verbe *devint*. — *Il resta* pauvre *toute sa vie.* Il resta quoi ? *pauvre.* Le mot *pauvre* est qualificatif du sujet, et non complément du verbe.

139. — Mais les verbes intransitifs ont souvent des compléments indirects. Exemples : *Nuire à son ami, parler de quelqu'un* (*à son ami*, complément indirect de *nuire ; de quelqu'un*, complément indirect de *parler*).

140. — La plupart des verbes intransitifs se conjuguent comme les verbes transitifs, avec l'auxiliaire *avoir : je dors, j'ai dormi, j'avais dormi*, etc.

Mais il y a des verbes intransitifs qui se conjuguent dans leurs temps composés avec l'auxiliaire *être ;* tels sont *venir, arriver*, etc. Exemple :

MODE INDICATIF.

PRÉSENT.

Je viens
Tu viens
Il *ou* elle vient
Nous venons
Vous venez
Ils *ou* elles viennent

IMPARFAIT.

Je venais
Tu venais
Il *ou* elle venait
Nous venions
Vous veniez
Ils *ou* elles venaient.

PASSÉ DÉFINI.

Je vins
Tu vins
Il *ou* elle vint
Nous vînmes
Vous vîntes
Ils *ou* elles vinrent

PASSÉ INDÉFINI.

Je suis venu *ou* venue
Tu es venu *ou* venue
Il est venu *ou* elle est venue
Nous sommes venus *ou* venues
Vous êtes venus *ou* venues
Ils sont venus *ou* elles sont venues

PASSÉ ANTÉRIEUR.

Je fus venu *ou* venue
Tu fus venu *ou* venue
Il fut venu *ou* elle fut venue
Nous fûmes venus *ou* venues
Vous fûtes venus *ou* venues
Ils furent venus *ou* elles furent venues

PLUS-QUE-PARFAIT.

J'étais venu *ou* venue
Tu étais venu *ou* venue
Il était venu *ou* elle était venue
Nous étions venus *ou* venues
Vous étiez venus *ou* venues
Ils étaient venus *ou* elles étaient venues

FUTUR.

Je viendrai
Tu viendras
Il *ou* elle viendra
Nous viendrons
Vous viendrez
Ils *ou* elles viendront

FUTUR ANTÉRIEUR.

Je serai venu *ou* venue
Tu seras venu *ou* venue
Il sera venu *ou* elle sera venue
Nous serons venus *ou* venues
Vous serez venus *ou* venues
Ils seront venus *ou* elles seront venues

MODE CONDITIONNEL.

PRÉSENT.

Je viendrais
Tu viendrais
Il *ou* elle viendrait

Nous viendrions
Vous viendriez
Ils *ou* elles viendraient

PASSÉ.

Je serais venu *ou* venue
Tu serais venu *ou* venue
Il serait venu *ou* elle serait venue
Nous serions venus *ou* venues
Vous seriez venus *ou* venues
Ils seraient venus *ou* elles seraient venues

On dit aussi : *Je fusse venu* ou *venue*, *tu fusses venu* ou *venue*, *il fût venu* ou *elle fût venue*, *nous fussions venus* ou *venues*, *vous fussiez venus* ou *venues*, *ils fussent venus* ou *elles fussent venues*.

MODE IMPÉRATIF.

Sing. . . .
Viens
. . . .
Plur. Venons
Venez
. . . .

MODE SUBJONCTIF.

PRÉSENT *ou* FUTUR.

Que je vienne
Que tu viennes
Qu'il *ou* qu'elle vienne
Que nous venions
Que vous veniez
Qu'ils *ou* qu'elles viennent

IMPARFAIT.

Que je vinsse
Que tu vinsses
Qu'il *ou* qu'elle vînt
Que nous vinssions
Que vous vinssiez
Qu'ils *ou* qu'elles vinssent

PASSÉ.

Que je sois venu *ou* venue
Que tu sois venu *ou* venue
Qu'il soit venu *ou* qu'elle soit venue
Que nous soyons venus *ou* venues
Que vous soyez venus *ou* venues
Qu'ils soient venus *ou* qu'elles soient venues

PLUS-QUE-PARFAIT.

Que je fusse venu *ou* venue
Que tu fusses venu *ou* venue
Qu'il fût venu *ou* qu'elle fût venue
Que nous fussions venus *ou* venues
Que vous fussiez venus *ou* venues
Qu'ils fussent venus *ou* qu'elles fussent venues

MODE INFINITIF.

PRÉSENT.

Venir

PASSÉ.

Être venu *ou* venue

PARTICIPE PRÉSENT.

Venant

PARTICIPE PASSÉ.

Venu, venue, étant venu, *ou* venue

Exercice 155. *L'élève conjuguera de même, c'est-à dire en employant l'auxiliaire* être *pour les temps composés, quelques-uns des verbes suivants :* devenir, revenir, parvenir, arriver, tomber, entrer, naître, mourir, rester, partir.

Exercice 156. *Faites l'analyse des noms, des articles, des adjectifs, des pronoms et des verbes, en indiquant les sujets, les compléments, le nombre, la personne, le mode et le temps des verbes.*

Les plus gros arbres naissent d'une petite graine.— La modestie plaît à tout le monde.— Vos amis viendront demain. —

Cette petite fille est tombée en courant. — Henri IV mourut en 1610. — La beauté passe vite, les qualités du cœur et de l'esprit restent toujours. — La lumière va avec une telle rapidité, qu'elle nous arrive du soleil en huit minutes et un quart.

Verbe conjugué sous la forme interrogative.

141. — Lorsqu'on interroge, on met quelquefois le pronom sujet après le verbe, en le joignant à ce verbe par un trait d'union; on dit alors que le verbe est conjugué sous la forme interrogative.

Les verbes ne peuvent être mis sous la forme interrogative qu'aux temps de l'indicatif et du conditionnel.

MODE **INDICATIF.**

PRÉSENT.

Chanté-je ?
Chantes-tu ?
Chante-t-il ?
Chantons-nous ?
Chantez-vous ?
Chantent-ils ?

IMPARFAIT.

Chantais-je ?
Chantais-tu ?
Chantait-il ?
Chantions-nous ?
Chantiez-vous ?
Chantaient-ils ?

PASSÉ DÉFINI.

Chantai-je ?
Chantas-tu ?
Chanta-t-il ?
Chantâmes-nous ?
Chantâtes-vous ?
Chantèrent-ils ?

PASSÉ INDÉFINI.

Ai-je chanté ?
As-tu chanté ?
A-t-il chanté ?
Avons-nous chanté ?
Avez-vous chanté ?
Ont-ils chanté ?

PASSÉ ANTÉRIEUR (1).

Eus-je chanté ?
Eus-tu chanté ?
Eut-il chanté ?
Eûmes-nous chanté ?
Eûtes-vous chanté ?
Eurent-ils chanté ?

PLUS-QUE-PARFAIT.

Avais-je chanté ?
Avais-tu chanté ?
Avait-il chanté ?
Avions-nous chanté ?
Aviez-vous chanté ?
Avaient-ils chanté ?

FUTUR.

Chanterai-je
Chanteras-tu ?
Chantera-t-il ?
Chanterons-nous ?
Chanterez-vous ?
Chanteront-ils ?

FUTUR ANTÉRIEUR.

Aurai-je chanté ?
Auras-tu chanté ?
Aura-t-il chanté ?
Aurons-nous chanté ?
Aurez-vous chanté ?
Auront-ils chanté ?

MODE

CONDITIONNEL.

PRÉSENT.

Chanterais-je ?
Chanterais-tu ?
Chanterait-il ?
Chanterions-nous ?
Chanteriez-vous ?
Chanteraient-ils ?

PASSÉ.

Aurais-je chanté ?
Aurais-tu chanté ?
Aurait-il chanté ?
Aurions-nous chanté ?
Auriez-vous chanté ?
Auraient-ils chanté ?

AUTRE PASSÉ.

Eussé-je chanté ?
Eusses-tu chanté ?
Eût-il chanté ?
Eussions-nous chanté ?
Eussiez-vous chanté ?
Eussent-ils chanté ?

(1) Le passé antérieur interrogatif ne s'emploie guère que dans les tournures suivantes : *à peine eus-je chanté que*, etc. ; *à peine eûtes-vous fini*, de même que l'on dit : *avait-il chanté, il s'en allait;* c'est-à-dire, *dès qu'il avait chanté*, etc., où l'interrogation est dans la forme et non dans la pensée.

142. — REMARQUES. I. Lorsque la première personne finit par un *e* muet, comme *j'aime*, on change cet *e* muet en *é* fermé, *chanté-je*, *aimé-je*.

On dira de même *eussé-je*, de *j'eusse*; *fussé-je*, de *je fusse*; *dussé-je*, de *je dusse*; *puissé-je*, de *je puisse*.

II. On écrit *chanté-je*, au présent, et *chantai-je* au passé défini. Il est facile de ne pas confondre ces temps : le premier signifie *est-ce que je chante ?* le second, *est-ce que je chantai ?*

III. Lorsque la troisième personne du singulier finit par une voyelle, on met un *t* entre le verbe et le pronom *il, elle, on*; ce *t* est précédé et suivi d'un trait d'union; exemples : *aime-t-il ? chanta-t-elle ? donna-t-on ?*

IV. — Dans les temps composés, le pronom sujet se place après l'auxiliaire : *ai-je chanté ? auras-tu fini ?*

V. En général, lorsque la première personne du singulier du présent de l'indicatif n'est que d'une seule syllabe, on ne l'emploie pas sous la forme interrogative. Ainsi au lieu de *prends-je ? vends-je ? mens-je ?* on dit : *est-ce que je prends ? est-ce que je vends ? est-ce que je mens ?* L'usage autorise cependant *suis-je ? ai-je ? dis-je ? dois-je ? puis-je ? viens-je ? que sais-je ? où vais-je ? que vois-je ?*

Exercice 157. *L'élève conjuguera sous la forme interrogative quelques-uns des verbes* aimer, sauter, finir, apercevoir, entendre, avoir, être.

Exercice 158. *Mettez sous la forme interrogative les verbes qui sont ici en italique, en supprimant les mots qui sont entre parenthèses.*

(Est-ce que) je me *trompe* ? — (Dieu veuille que) je *puisse* arriver assez tôt ! — (Est-ce que) je me *trompais* alors ? — Je vous attendrai, (quoique) je *dusse* vous attendre deux heures. — (Savez-vous) où je m'*arrêtai* après tant de courses ? Vous ne le devineriez jamais. — Mais pourquoi (est-ce que) je m'*arrête* à cette circonstance ? — (Est-ce que) je ne *laissai* pas hier chez vous un de mes livres ? — Par quel charme secret (est-ce que) je *laisse* retenir ce courroux si sévère ? — (Est-ce que) j'*eusse pris* soin de cette affaire, si elle n'eût été importante ? — (Est-ce que) je *veille* ? — (Est-ce que) je *puis* croire un semblable dessein ? — (Est-ce que) c'*est* bien vrai, et (est-ce que) je ne *rêve* point ? — Qui (est-ce que) je *désigne*, à votre avis, par ce rat si peu secourable ? — (Est-ce que) il *sera* chez lui ? — (Est-ce que) vous *avez appris* la musique ?

—(Est-ce que) j'*aurai fini* assez tôt? — (Est-ce que) on *aime* les paresseux ? — (Je demande) comment elle *emploie* son temps. — (Je demande si) on *finira* bientôt tout ce tapage.

Verbes pronominaux ou réfléchis et réciproques.

143. — On appelle verbes *pronominaux* ceux qui se conjuguent avec deux pronoms de la même personne, dont le premier est sujet et le second complément.

A l'infinitif, ces verbes prennent le pronom *se : se flatter, se louer, se blesser.*

Les verbes pronominaux se conjuguent comme le verbe intransitif *venir* (page 83), c'est-à-dire qu'ils prennent l'auxiliaire *être* aux temps composés. Mais dans les verbes pronominaux, on sous-entend après le verbe *être* le participe présent *ayant*, du verbe *avoir; ainsi je me suis loué* équivaut à *je suis* ayant *loué moi*, ou *j'ai loué moi.*

CONJUGAISON DES VERBES PRONOMINAUX.

MODE INDICATIF.

PRÉSENT.

Je me repens
Tu te repens
Il *ou* elle se repent
Nous nous repentons
Vous vous repentez
Ils *ou* elles se repentent

IMPARFAIT.

Je me repentais
Tu te repentais
Il *ou* elle se repentait
Nous nous repentions
Vous vous repentiez
Ils *ou* elles se repentaient

PASSÉ DÉFINI.

Je me repentis
Tu te repentis
Il *ou* elle se repentit
Nous nous repentîmes
Vous vous repentîtes
Ils *ou* elles se repentirent

PASSÉ INDÉFINI.

Je me suis repenti *ou* repentie
Tu t'es repenti *ou* repentie
Il s'est repenti *ou* elle s'est repentie
Nous nous sommes repentis *ou* repenties
Vous vous êtes repentis *ou* repenties
Ils se sont repentis *ou* elles se sont repenties

PASSÉ ANTÉRIEUR.

Je me fus repenti *ou* repentie
Tu te fus repenti *ou* repentie
Il se fut repenti *ou* elle se fut repentie
Nous nous fûmes repentis *ou* repenties
Vous vous fûtes repentis *ou* repenties
Ils se furent repentis *ou* elles se furent repenties

PLUS-QUE-PARFAIT.

Je m'étais repenti *ou* repentie
Tu t'étais repenti *ou* repentie
Il s'était repenti *ou* elle s'était repentie
Nous nous étions repentis *ou* repenties
Vous vous étiez repentis *ou* repenties
Ils s'étaient repentis *ou* elles s'étaient repenties

FUTUR

Je me repentirai
Tu te repentiras
Il *ou* elle se repentira
Nous nous repentirons
Vous vous repentirez
Ils *ou* elles se repentiront

FUTUR ANTÉRIEUR

Je me serai repenti *ou* repentie
Tu te seras repenti *ou* repentie
Il se sera repenti *ou* elle se sera repentie
Nous nous serons repentis *ou* repenties
Vous vous serez repentis *ou* repenties
Ils se seront repentis *ou* elles se seront repenties

MODE **CONDITIONNEL.**

PRÉSENT.

Je me repentirais
Tu te repentirais
Il *ou* elle se repentirait
Nous nous repentirions
Vous vous repentiriez
Ils *ou* elles se repentiraient

PASSÉ

Je me serais repenti *ou* repentie
Tu te serais repenti *ou* repentie
Il se serait repenti *ou* elle se serait repentie
Nous nous serions repentis *ou* repenties
Vous vous seriez repentis *ou* repenties
Ils se seraient repentis *ou* elles se seraient repenties

On dit aussi :

Je me fusse repenti *ou* repentie
Tu te fusses repenti *ou* repentie
Il se fût repenti *ou* elle se fût repentie
Nous nous fussions repentis *ou* repenties
Vous vous fussiez repentis *ou* repenties
Ils se fussent repentis *ou* elles se fussent repenties.

MODE **IMPÉRATIF.**

Sing. Repens-toi
Plur. Repentons-nous
Repentez-vous.

MODE **SUBJONCTIF.**

PRÉSENT *ou* FUTUR.

Que je me repente
Que tu te repentes
Qu'il *ou* qu'elle se repente
Que nous nous repentions
Que vous vous repentiez
Qu'ils *ou* qu'elles se repentent

IMPARFAIT.

Que je me repentisse
Que tu te repentisses
Qu'il *ou* qu'elle se repentît
Que nous nous repentissions
Que vous vous repentissiez
Qu'ils *ou* qu'elles se repentissent

PASSÉ.

Que je me sois repenti *ou* repentie
Que tu te sois repenti *ou* repentie
Qu'il se soit repenti *ou* qu'elle se soit repentie
Que nous nous soyons repentis *ou* repenties
Que vous vous soyez repentis *ou* repenties
Qu'ils se soient repentis *ou* qu'elles se soient repenties

PLUS-QUE-PARFAIT.

Que je me fusse repenti *ou* repentie
Que tu te fusses repenti *ou* repentie
Qu'il se fût repenti *ou* qu'elle se fût repentie
Que nous nous fussions repentis *ou* repenties
Que vous vous fussiez repentis *ou* repenties
Qu'ils se fussent repentis *ou* qu'elles se fussent repenties

MODE **INFINITIF**.

PRÉSENT.

Se repentir

PASSÉ.

S'être repenti *ou* repentie

PARTICIPE PRÉSENT.

Se repentant

PARTICIPE PASSÉ.

Repenti, repentie; s'étant repenti *ou* repentie.

Exercice 159. *Conjuguez de même, quant aux pronoms et aux auxiliaires, quelques-uns des verbes suivants :* s'emparer, se flatter, se blesser, se retenir, s'abstenir, s'apercevoir, se plaindre, se défendre.

REMARQUES SUR LES COMPLÉMENTS DES VERBES PRONOMINAUX.

144. — I. Les pronoms *me, te, se, nous, vous,* qui précèdent immédiatement le verbe pronominal, sont quelquefois compléments *directs*, comme dans *je* **me** *flatte*, c'est-à-dire *je flatte* **moi**; *tu* **te** *blesseras*, c'est-à-dire *tu blesseras* **toi.** Mais ils sont compléments *indirects*, lorsqu'ils signifient *à moi, à toi, à soi, à nous,* etc., comme dans *je* **me** *nuis*, c'est-à-dire *je nuis à* **moi**; *il* **s'***est fait une blessure*, c'est-à-dire *il a fait une blessure à* **soi**, *à lui-même.*

145.— II. Si le verbe pronominal a un complément direct, comme dans *je me flatte, tu te blesseras*, il est *transitif* pronominal ; s'il n'a point de complément direct, comme dans *je me nuis*, il est *intransitif* pronominal.

146.— III. Le complément direct est quelquefois un autre mot que l'un des pronoms *me, te, se, nous, vous ;* ainsi dans la phrase *il s'est fait une blessure*, le complément direct est *une blessure.* (Il s'est fait quoi? Réponse, *une blessure.*)

Exercice 160. *Indiquez les verbes pronominaux ainsi que leurs compléments directs et leurs compléments indirects.*

Je me suis blessé à la jambe. — Je me suis donné une lourde tâche, mais je la remplirai. — T'es-tu fait mal? — Il désire que tu te prépares tout de suite à partir. — Nous nous sommes rencontrés à la promenade. — Nous nous attirerons quelque mauvaise affaire. — Elles se sont promis de se revoir bientôt. — Défendons-nous contre les méchants. — Ces messieurs se disent vos parents. — Ces deux amis se disent réciproquement leurs vérités. — Vous vous refusez le nécessaire. — Vous vous estimez l'un l'autre.

---

147. — On appelle verbes *essentiellement* pronominaux ceux qui ne peuvent se conjuguer autrement qu'avec un second pronom pour complément, et qui prennent toujours *se* à l'infinitif. Tels sont, par exemple, *se repentir*, *s'emparer* ; on dit toujours *je me repens*, *je m'empare*, et jamais *je repens*, *j'empare*.

Les verbes essentiellement pronominaux ont toujours pour complément direct le pronom qui les précède immédiatement. Il faut excepter cependant le verbe *s'arroger*, qui signifie *s'attribuer*, et dans lequel le pronom est complément indirect ; exemple : *Il s'est arrogé des droits qu'il n'a pas.*

148. — On appelle verbes *accidentellement* pronominaux ceux qui peuvent se conjuguer sans le secours d'un second pronom ; tels sont : *se flatter*, *se blesser* ; car on peut conjuguer ainsi ces verbes : *je flatte*, *tu flattes*, etc. ; *je blesse*, *tu blesses*, etc.

Dans les verbes accidentellement pronominaux, le pronom qui les précède immédiatement est complément direct ou ne l'est pas, suivant le sens : il est complément direct dans *se flatter* (flatter *soi*) ; il ne l'est pas dans *s'imaginer* (imaginer *à soi*, dans son esprit, se faire une image de).

149. — On doit considérer comme essentiellement pronominaux les verbes qui sous cette forme prennent un sens particulier, différent de celui qu'ils ont quand on les emploie sans le pronom réfléchi. Tels sont *s'apercevoir* d'une chose (la remarquer), *s'attendre* à une chose (la prévoir, y compter), *se douter* d'une chose (la présumer), *se louer* de (se féliciter de), *se plaindre* de (exprimer du mécontentement), *se taire* (garder le silence), *se saisir* de (s'emparer de), *se servir* de (faire usage de), etc.

Exercice 161. *Faites une liste des verbes essentiellement pronominaux, une liste des verbes accidentellement pronominaux, et enfin une troisième liste, celle des verbes considérés par le sens comme essentiellement pronominaux. Ensuite indiquez les divers compléments de tous ces verbes.*

Je m'absenterai pendant trois mois. — Chacun des deux partis s'attribua la victoire. — Tous deux s'aperçurent de loin, et ils s'approchèrent l'un de l'autre. — Ils s'aperçurent du piége qu'on leur tendait. — Les ennemis se sont enfuis précipitamment. — On se loue beaucoup de votre discrétion. — C'est un homme plein de vanité ; il se loue à tout propos. — Après avoir dit cela, il se tut. — Vous vous arrogez un titre qui ne vous appartient pas. — Vous vous imaginez cela ; vous vous trompez.

Exercice 162. *Comme le précédent.*

Nous nous empresserons de vous avertir. — Vous vous attendiez réciproquement l'un l'autre. — Vous vous attendiez à de plus grandes difficultés. — Ils se sont doutés qu'on les trompait. — Les voleurs se saisirent de l'argent. — Ils se saisirent l'un l'autre par le milieu du corps. — Elle s'est plainte de votre conduite. — Tu t'efforces en vain de soulever ce fardeau. — Tu t'es servi un excellent morceau. — Tu t'es servi de la règle et du compas.

Verbes impersonnels.

150. — On appelle verbes *impersonnels* ceux qui ne s'emploient dans chaque temps qu'à la troisième personne du singulier, et qui ont pour sujet le pronom *il*, ne tenant la place ni d'un nom de personne ni d'un nom de chose.

EXEMPLES : *Il pleut, il faut rester.* On ne peut remplacer le pronom *il* ni par un nom de personne ni par un nom de chose : *il pleut* et *il faut* sont des verbes impersonnels. Voici la conjugaison d'un de ces verbes.

MODE **INDICATIF.**

PRÉSENT.
Il pleut

IMPARFAIT.
Il pleuvait

PASSÉ DÉFINI.
Il plut

PASSÉ INDÉFINI.
Il a plu

PASSÉ ANTÉRIEUR.
Il eut plu

PLUS-QUE-PARFAIT.
Il avait plu

FUTUR.
Il pleuvra

FUTUR ANTÉRIEUR.
Il aura plu

MODE **CONDITIONNEL.**

PRÉSENT.
Il pleuvrait

PASSÉ.
Il aurait plu *ou* il eût plu

Point d'impératif.

MODE **SUBJONCTIF.**

PRÉSENT *ou* FUTUR.
Qu'il pleuve

IMPARFAIT.
Qu'il plût

PASSÉ.
Qu'il ait plu

PLUS-QUE-PARFAIT.
Qu'il eût plu

MODE **INFINITIF.**

PRÉSENT.
Pleuvoir

PASSÉ.
Avoir plu

PARTICIPE PRÉSENT.
Pleuvant

PARTICIPE PASSÉ.
Plu (sans féminin), ayant plu.

151. — REMARQUE. Un grand nombre de verbes ayant toutes les personnes de chaque temps, peuvent être employés acciden-

tellement comme verbes impersonnels; par exemple, *avoir*, *être*, *tomber*, *faire*, *convenir*, sont impersonnels dans ces phrases : *Il y* aura *une grande foule; il* est *juste d'obéir; il* tombe *de la neige; les grands froids* qu'*il* a fait; *mes enfants, il* convient *d'écouter vos parents*. En effet, le pronom *il* dans aucun de ces exemples ne tient la place d'un nom.

Exercice 163. *L'élève conjuguera quelques-uns des verbes suivants :* il tonne, il neige, il faut, il fait froid, il fait nuit, il convient, il est nécessaire.

Exercice 164. *Faites l'analyse des noms, des articles, des adjectifs, des pronoms et des verbes, en indiquant les sujets et les compléments.*

Il serait temps de partir. — Cet homme hésite, il n'est pas certain de ce qu'il dit. — Il n'est pas certain qu'il fasse beau demain. — Mes amis, il convient de respecter les personnes âgées. — Cet enfant se repent, il convient qu'il a eu tort. — Il faut qu'un élève écoute le maître et qu'il fasse bien ses devoirs.

CHAPITRE VI

LE PARTICIPE

152. — Le *participe* est ainsi appelé parce que **c'est un mot qui participe, c'est-à-dire qui tient à la fois de la nature du verbe et de celle de l'adjectif.**

Le participe est *verbe* quand il exprime que l'on fait ou que l'on a fait quelque chose; comme lorsqu'on dit : **lisant** *un livre*, **obéissant** *à sa mère, j'ai* **lu** *ce livre, il a* **obéi** *à sa mère.*

Il est *adjectif* quand il exprime la qualité d'une personne ou d'une chose, comme dans ces phrases : *Des enfants honnêtes et* **obéissants**; *un vieillard* **respecté.**

153. — Comme nous l'avons vu dans la conjugaison des verbes, il y a deux sortes de participes : le *participe présent*, qui est toujours terminé en *ant : aimant, finissant, recevant, rendant*, et le *participe passé*, dont la terminaison n'est pas la même pour tous les verbes : *aimé, fini, reçu, écrit, pris, ouvert.*

154. — Le participe présent est invariable quand il est employé comme verbe. Exemple : *C'est une personne charitable,* **obligeant** *tout le monde.*

Remarque. Le participe terminé en *ant* s'appelle *adjectif verbal*, lorsqu'il est employé comme adjectif. Il a alors, comme les adjectifs, un féminin et un pluriel. Exemples : *Un homme* **obligeant**, *des hommes* **obligeants**, *une personne* **obligeante**, *des personnes* **obligeantes**.

155. — Lorsque le participe passé est adjectif, le féminin se forme en y ajoutant un *e* muet, et le pluriel en y ajoutant une *s*. Exemples : *Un devoir* **fini**, *une affaire* **finie** ; *un devoir mal* **écrit**, *des devoirs mal* **écrits**, *des pages mal* **écrites**.

156. — Remarque. Au participe passé, en retranchant l'*e* muet de la terminaison du féminin, on voit si le masculin se termine par une consonne ou par une voyelle.

Ainsi, en retranchant l'*e* muet des participes féminins *finie*, *suivie*, *reçue*, on a les participes masculins *fini*, *suivi*, *reçu*, qui se terminent par une voyelle. De même, en retranchant l'*e* muet du féminin, on a le masculin des participes suivants, qui se terminent par une consonne :

FÉMININ.	MASCULIN.	FÉMININ.	MASCULIN.
mise........	mis	crainte....	craint
prise........	pris	couverte ..	couvert

Il faut excepter *absoute* et *dissoute*, qui font au masculin *absous*, *dissous*.

Exercice 165. *Comme l'Exercice* 164 ; *indiquez de plus les participes présents, les adjectifs verbaux en* ant *et les participes passés.*

Ils arrivent en courant. — Les eaux courantes sont, comme boisson, meilleures que les eaux dormantes. — Messieurs, vous réparerez vos forces en dormant dans un bon lit. — Cette nouvelle affligeante surprit tout le monde. — Votre conduite, affligeant vos parents, ne saurait trop être blâmée. — Les malfaiteurs seront punis.

Exercice 166. *Écrivez le participe passé masculin et féminin des verbes suivants :* Bouillir, offrir, fuir, sentir, asseoir, pourvoir, acquérir, conquérir, réduire, joindre, admettre, conduire, confire, exclure, conclure, proscrire, moudre, oindre, paraître, ceindre, plaire, repaître, teindre, éteindre, mourir, choir, clore, éclore, frire, occire, traire, absoudre, dissoudre, résoudre.

CHAPITRE VII

L'ADVERBE

157. — L'*adverbe* est un mot que l'on joint au verbe, au participe, à l'adjectif ou à un autre adverbe pour en modifier la signification.

Par exemple, si l'on dit : *Cet enfant mange proprement*, le mot *proprement* modifie la signification du verbe *manger*, c'est-à-dire qu'il donne à ce verbe un sens particulier, qu'il n'aurait point si l'on disait seulement : *Cet enfant mange*.

158. — On distingue plusieurs sortes d'adverbes :

1° Adverbes de *manière*, tels que : *proprement*, *sagement*, *poliment*, *comment*, *exprès*, *bien*, *mal*, etc.

Remarque. Presque tous les adverbes de manière sont terminés en *ment* et formés d'un adjectif, comme *proprement*, de *propre* ; *sagement*, de *sage*. Ces adverbes gardent avant la terminaison *ment* la voyelle ou les voyelles de la syllabe finale de l'adjectif dont ils dérivent. Ainsi l'on écrit par un *e* : *prudemment*, *différemment*, à cause des adjectifs *prudent*, *différent* ; on écrit par un *a* : *abondamment*, *couramment*, formés des adjectifs *abondant*, *courant* ; enfin on écrit par *ea* : *obligeamment*, parce que cet adverbe est formé de l'adjectif *obligeant*.

2° Adverbes qui marquent l'*ordre*, le *rang*, comme : *Premièrement*, *secondement*, *après*, *ensuite*, *auparavant*, *puis*, *enfin*, etc.

3° Adverbes qui marquent le *lieu* : *où*, *ici*, *là*, *dessus*, *dessous*, *devant*, *derrière*, *partout*, *loin*, *dedans*, *dehors*, *ailleurs*, *autour*, *auprès*, *y* (signifiant *là*), etc.

Remarque. L'adverbe de lieu *où* prend un accent grave. Si le mot *ou* signifie *ou bien*, comme quand on dit *Pierre* ou *Paul*, il est conjonction et ne prend pas d'accent.

4° Adverbes de *temps* : *Hier*, *avant-hier*, *aujourd'hui*, *demain*, *après-demain*, *autrefois*, *jadis*, *bientôt*, *souvent*, *jamais*, *quelquefois*, *toujours*, *maintenant*, *naguère*, *longtemps*, etc.

5° Adverbes de *quantité* : *Beaucoup*, *assez*, *peu*, *trop*, *tant*, *très*, *davantage*, *entièrement*, *tout*, *presque*, *encore*, *combien*, *que* (signifiant *combien*), *si*, etc.

Remarque. Le mot *si* n'est adverbe que lorsqu'il signifie *à tel point*, *tellement*, comme dans cette phrase : *Il fait* si *froid que la rivière est gelée*, c'est-à-dire : *il fait* tellement *froid*, etc. ; ou encore lorsqu'il est mis pour *aussi : Il n'est pas* si *sage que vous* (Acad.) ; autrement le mot *si* est conjonction.

6° Autres adverbes de *quantité* qui marquent en même temps la *comparaison : Plus, moins, mieux, autant, aussi, si* (pour *aussi*). Exemples : Plus *sage que vous*, aussi *sage que vous*.

7° Adverbes qui expriment l'*affirmation*, la *négation*, le *doute : Certes, vraiment, volontiers, nullement, ne, peut-être*, etc.

Exercice 167. *Indiquez les adverbes.*

Agissez prudemment. — Où courez-vous? d'où venez-vous? — Il est là dedans. — Il a plu hier. — Partout on nous a bien reçus. — Cet enfant parle beaucoup. — Votre père arrivera bientôt. — Vraiment, cet homme est singulier. — Comment vous portez-vous? Je me porte bien. — Mon livre est-il sur la table? Il n'est ni dessus ni dessous. — J'irai ailleurs. — J'ai autant de plumes que vous. — Autrefois vous veniez souvent. — Cela est fort beau. — Cette femme parle toujours. — Je ne puis voir cela, si je ne suis auprès. — Vous m'attendrez ici.

Exercice 168. *Écrivez les adverbes qui se forment des adjectifs suivants :*

Ardent. Brillant. Complaisant. Conséquent. Courant. Décent. Diligent. Élégant. Éloquent. Éminent. Excellent. Évident. Fréquent. Galant. Imprudent. Impudent. Indépendant. Innocent. Méchant. Négligent. Nonchalant. Obligeant. Patient. Plaisant. Pesant. Puissant. Récent. Suffisant. Vaillant. Violent.

---

159. — Remarques. I. Certains adjectifs sont quelquefois employés comme adverbes ; on dit : Chanter *juste*, parler *bas*, voir *clair*, rester *court*, frapper *fort*, sentir *bon*, marcher *droit*.

II. On appelle *locutions adverbiales* une réunion de mots faisant fonction d'adverbes. Voici les plus usitées de ces locutions :

1° De manière : *à tort, à regret, à la hâte, à l'envi, avec sagesse, avec soin, en vain, par hasard*, etc.

2° De lieu : *au delà, en deçà, au-dessus, au-dessous, en haut, en bas, à côté, nulle part*, etc.

3° De temps : *plus tôt, dans peu, depuis peu, d'abord*, etc.

4° De quantité : *tout à fait, à tel point, au plus, le plus, le moins, un peu*, etc.

5° **D'affirmation, de négation, de doute :** ***sans doute, d'accord, point du tout, ne... pas, ne... point, non...p as,*** **etc.**

Exercice 169. ***Indiquez les adverbes et les locutions adverbiales.***

D'abord apprenez vos leçons, ensuite vous ferez vos devoirs. — Ce musicien ne joue pas juste. — Le vent vient de ce côté-là ; il est si violent qu'il rompt les arbres. — L'orateur resta court. — Ils travaillent à l'envi l'un de l'autre. —Que ces fleurs sentent bon ! — Il tonne fort. — Il est déjà bien loin. — Il ne voit pas clair. — Vous êtes trop prompt. — Je ne suis pas si paresseux que vous le croyez. — Vous êtes plus habile que moi. — Il chante haut et parle bas. — Vous ne sauriez mieux faire. — Où allez-vous ? Nulle part. — Il a trente ans au plus. — C'est à tort que vous le blâmez. — Tenez-vous en deçà. — N'allez pas tout droit, prenez un peu à côté. — L'homme le plus instruit n'est pas celui qui parle le plus. — Je ne le vois point.

CHAPITRE VIII

LA PRÉPOSITION

160. — La *préposition* est un mot qui, placé devant un nom, un pronom ou un verbe à l'infinitif, sert à le joindre au mot qui le précède, pour compléter le sens de ce mot.

Par exemple, quand je dis : *Le fruit* **de** *l'arbre*, le mot *de* joint le nom *arbre* au nom *fruit*, pour compléter le sens du mot *fruit*. Nous voyons ainsi le rapport qu'il y a entre *fruit* et *arbre ;* le *fruit* vient de l'*arbre ;* c'est un rapport d'origine.

De même, quand je dis : *Faites cela* **pour** *moi*, le mot *pour* joint le pronom *moi* au verbe *faites*, pour compléter le sens de ce verbe, en exprimant le rapport qu'il y a entre votre action de faire et moi ; c'est un rapport de but

Dans l'exemple : *Je vous invite* **à** *venir*, le mot *à* indique le rapport qu'il y a entre le verbe *inviter* et le verbe *venir ;* c'est un rapport de tendance.

Les mots *de*, *pour*, *à*, sont des prépositions.

161. — Les principales prépositions sont :

à	dans	en	moyennant	sans
afin de	de	entre	nonobstant	sauf
après	depuis	envers	outre	selon
avant	derrière	hormis	par	sous
avec	dès	hors	parmi	suivant
chez	devant	jusqu'à	pendant	sur
contre	durant	malgré	pour	vers

Remarque. On met un accent grave sur la préposition *à*, pour la distinguer de la troisième personne du singulier du verbe *avoir : Il a une maison* **à** *Paris.* On met aussi un accent grave sur la préposition *dès*, pour la distinguer de l'article contracté *des :* **Dès** *le matin, on entend la prière* **des** *enfants.*

Exercice 170. *Indiquez les prépositions.*

Votre livre est sur mon pupitre. — La cavalerie marchait après l'infanterie. — Nous étions en mer pendant le mauvais temps. — La girouette est tournée vers l'est. — J'ai passé la nuit sans fermer l'œil. — L'infâme est ingrat envers son bienfaiteur. — Nous venons de Bordeaux et nous allons à Lyon. — Vous viendrez avec nous. — Passez derrière la maison. — Il a fait cette affaire malgré vous. — Je l'ai vu dans la rue. — Vous étiez parmi eux. — Il reçut mille francs outre de riches présents. — Je vous écrirai par la poste. — Serez-vous chez vous ? — Il a tout vendu, hors ses livres. — Il faut étudier pour s'instruire.

---

162. — **Remarques. I.** On appelle *locutions prépositives* des prépositions composées en général :

1° D'un nom et des prépositions *à, de, en, par,* etc., comme *à la place de, à cause de, à force de, à l'égard de, en raison de, en dépit de, par rapport à,* etc. ;

2° D'un adverbe et de la préposition *de,* comme *auprès de, autour de, loin de,* etc.

II. Il y a des prépositions, telles que *avant, après, derrière, devant,* qui s'emploient comme adverbes. Exemples : *Vous irez* devant *et moi* derrière.

III. Les participes ou les adjectifs *attendu, vu, concernant, touchant, durant, suivant, excepté, supposé, passé,* sont considérés comme des prépositions lorsqu'ils se trouvent devant un nom. Alors :

Attendu et *vu* signifient	*A cause de*
Concernant et *touchant*..	*Sur* ou *de*
Durant................	*Pendant*
Suivant................	*Selon*
Excepté................	*Hormis*
Supposé................	*Dans la supposition de*
Passé..................	*Après*

Exemples : *Nous n'avons pu partir*, **attendu** *le mauvais temps. Vous lui direz deux mots* **touchant** *cette affaire.*

Y compris, *non compris* et *ci-joint*, devant un nom, sont aussi des locutions prépositives.

IV. Le mot *sauf* n'est préposition que devant un nom : *sauf* erreur, *sauf* votre aprobation. Il est adjectif quand il signifie *sauvé, en bon état. Il est revenu sain et sauf ;* il fait alors au féminin *sauve : La vie sauve.*

V. On considère comme étant de véritables prépositions les mots *voici*, *voilà*, contractions de *vois ici*, *vois là*.

Exercice 171. *Indiquez les prépositions, les locutions prépositives et les prépositions employées comme adverbes.*

Vous y étiez tous, à l'exception de mon frère. — Prenez ce livre au lieu de celui-là. — L'Espagne est au delà des Pyrénées. — Cet enfant est toujours auprès de sa mère. — Il entra assez avant dans le bois. — J'irai le voir avant de partir. — Il sera récompensé en raison de ses services. — La loi est au-dessus de tous. — Venez me parler après la leçon. — Vous irez devant et lui après. — Passez derrière la maison, puis devant le jardin. — Je l'ai laissé bien loin derrière. — Vous avez été puni à cause de votre paresse. — J'avais un ami à côté de moi. — Mettez une lampe à côté de cette bougie. — Il s'est enrichi à force de travailler. — J'y parviendrai en dépit de lui. — On a fait plusieurs voyages autour du monde. — Notre appartement est au-dessous du sien. — Nos troupes passèrent à la faveur de la nuit.

Exercice 172. *Suite du précédent.*

On décompose l'eau au moyen de l'électricité. — La terre est petite à l'égard du soleil. — Il fut exempté de cette charge, attendu son âge. — La récompense devait être plus grande, vu ses services. — J'ai à vous dire quelque chose concernant cette affaire. — Il m'a entretenu touchant vos affaires. — Il jouira de ce revenu durant toute sa vie. — Il faut se gouverner suivant le temps et le lieu. — Ils ont tous péri, excepté cinq ou six personnes. — Vous êtes au nombre de ceux qui sont revenus sains et saufs. — Il lui a cédé tout son bien, sauf ses rentes. — Supposé ces événements, que ferez-vous ? — Je ne vous attendrai plus passé dix heures. — Il a dix mille francs de revenu, y compris les profits de sa place et non compris la maison où il loge.

CHAPITRE IX

LA CONJONCTION

163. — La *conjonction* est un mot qui sert à joindre ensemble, soit les mots, soit les phrases et les membres de phrase.

La conjonction joint : 1° un sujet à un sujet ; exemple : *Pierre* et *Paul sont obéissants ;* la conjonction *et* joint le sujet *Paul* au sujet *Pierre ;*

2° Un adjectif à un adjectif : *Dieu est juste* et *bon ;*

3° Un complément à un complément : *Appelez Pierre* ou *Paul ;*

4° Un verbe à un verbe, ou un membre de phrase à un autre : *Je crois* que *vous pleurez. Nous irons nous promener,* si *vous avez le temps.* La conjonction *que* joint le verbe ou membre de phrase *vous pleurez* au verbe ou membre de phrase *je crois,* et la conjonction *si* joint *vous avez le temps* à *nous irons nous promener.*

164. — Les principales conjonctions sont *et, que, mais, ni, si, car, or, donc, ou, quand, lorsque, comme, sinon, quoique, cependant, soit* (répété) ; exemple : Soit *mon père,* soit *ma mère.*

165. — **Remarques.** I. Nous avons vu que le mot *que* est pronom quand il peut se remplacer par *lequel, laquelle,* ou par *quelle chose ?* et qu'il est adverbe quand il signifie *combien :* il est conjonction lorsqu'il sert à joindre deux verbes ou deux membres de phrase, comme dans *je crois* que *vous pleurez.*

II. La conjonction *ou* signifie *ou bien : Appelez Pierre* ou *Paul.* Il ne faut pas la confondre avec l'adverbe *où,* qui prend un accent grave.

III. Le mot *si* est adverbe quand il signifie *à tel point, tellement* ou *aussi* (voir § 158-5°) ; lorsqu'il n'est pas employé dans ce sens, il est conjonction.

IV. On appelle *locution conjonctive* toute réunion de mots qui est employée comme conjonction, telles que les locutions *afin que*, *ainsi que*, *dès que*, *de peur que*, *parce que*, *tandis que*, *ou bien*, *d'ailleurs*, *de plus*, etc.

Exercice 173. *Indiquez les conjonctions ainsi que les locutions conjonctives, en disant quels sont les mots ou les membres de phrase qu'elles joignent.*

Étudiez, sinon vous serez un ignorant. — Vous êtes aimable, mais vous êtes paresseux. — J'irai vous voir quand j'aurai le temps. — Nous pouvons sortir, car il fait beau. — Tu l'as injurié, de plus tu l'as battu. — Tu as mal fait, d'ailleurs tu avais tort. — Il y avait Paul et Henri, vous et plusieurs autres personnes. — Si vous étiez venu plus tôt, vous m'auriez trouvé. — Les étoiles, de même que le soleil, ont une lumière qui leur est propre. — Il a promis de venir, néanmoins ne l'attendez pas. — Vous croyez avoir raison, cependant vous avez tort. — Je le servirai, soit qu'il le veuille, soit qu'il ne le veuille pas.

Exercice 174. *Suite du précédent.*

Je vous dis ceci, afin que vous le sachiez. — Allez vous coucher, puisque vous avez sommeil. — On ne sortira pas, vu que le temps est mauvais. — Nous n'irons ni à Paris ni à Lyon. — Il est plus savant que vous. — Vos parents veulent votre bien, ainsi vous devez les écouter. — Il avait promis qu'il viendrait, pourtant il n'est pas venu. — Nous sortirons dès que j'aurai fini. — On vous le permettra, pourvu que l'on soit content de vous. — Nous nous préparons en cas que cela arrive. — On se moque de lui parce qu'il ne sait rien. — Lorsque vous serez grand, vous serez fâché d'être un ignorant. — Je vous en parle, de peur que vous ne l'oubliiez.

CHAPITRE X

L'INTERJECTION

166. — L'*interjection* est un mot qui exprime les sentiments vifs et subits de l'âme : c'est une sorte de cri de *joie*, de *douleur*, etc. Exemples :

Pour exprimer la joie : *Ah ! Bon !*
la douleur : *Ahi ! Ah ! Hélas !*
la crainte : *Ha ! Hé !*
l'admiration : *Oh ! ô ! eh !*
l'aversion : *Fi ! Fi donc !*
Pour appeler : *Holà ! Hé !*
Pour encourager : *Çà ! Allons !*
Pour faire taire : *Chut !*

167. — Il faut ajouter à cette liste beaucoup de mots qui s'emploient quelquefois comme interjections, tels que *paix ! silence ! peste ! courage ! ciel ! miséricorde !* et que l'on peut désigner sous le nom d'*exclamations*.

On peut aussi considérer comme interjections un certain nombre de mots qui tiennent lieu d'une phrase entière, tels que *oui*, *non*, *bonjour*, *bonsoir*, *adieu*. Exemple : *Oui, je viens dans son temple adorer l'Éternel.*

Exercice 175. *Faites l'analyse générale de tous les mots.*

Hélas ! que je vous plains ! — Fi ! cela n'est pas bien. — Ha ! vous m'avez fait peur. — Ah ! que je suis content ! — Ahi ! vous me blessez. — Oh ! les belles fleurs ! — Paix ! faites silence. — Chut ! ne répondez pas. — Miséricorde ! il va se tuer. — Courage ! répondez-lui. — Adieu, je m'en vais. — Bon ! je suis le premier. — Eh ! qui aurait pu croire cela ? — Holà ! Charles, viens ici.

CHAPITRE XI

ORTHOGRAPHE D'USAGE

168. — Il y a l'orthographe de *règle* et l'orthographe d'*usage*. La grammaire enseigne la première ; quant à l'orthographe d'usage, il

5.

est impossible de la soumettre à des règles fixes; voici néanmoins quelques remarques utiles.

169. — Les consonnes finales d'un très-grand nombre de mots sont indiquées par les dérivés de ces mots. Exemples :

Accord.....	d'accorder	Fin..... de	finir
Amas.......	amasser	Fusil......	fusiller
Bord.......	border	Galop......	galoper
Champ.....	champêtre	Gril.......	griller
Chant......	chanter	Plomb......	plomber
Début......	débuter	Rang......	ranger
Dispos......	disposer	Repos.....	reposer
Drap.......	drapier	Sang......	sanguinaire
Éclat.....	éclater	Tapis......	tapisser
Faim.......	famine	Tard......	tarder

Exercice 176. *Écrivez les noms qui ont pour dérivés les mots suivants, de cette manière :* aborder—abord.

Aborder. Abuser. Accorder. Acquitter. Artiste. Aviser. Bâter. Bondir. Bourgeoisie. Briser. Champêtre. Chanter. Darder. Débuter. Dépiter. Doigter. Draper. Échafaudage. Éclater. Excessif. Exploiter. Famine. Farder. Finir. Fusiller. Galoper. Goûter. Griller. Hasarder. Larder. Lambrisser. Légation. Matelasser. Magistrature. Mignardise. Parfumer. Pavoiser. Plomber. Poignarder. Profiter. Ranger. Refuser. Reposer. Sanguin. Tamiser. Tapisser. Tarder. Trépasser. Vernisser. Visser.

---

170. — Les noms féminins dont la terminaison se prononce *té* n'ajoutent point d'*e* muet à cette terminaison, s'ils dérivent d'un adjectif : *ancienneté*, d'*ancien ; docilité*, de *docile ;* mais ils prennent un *e* muet final, s'ils dérivent d'un verbe ; exemples : *dictée*, de *dicter ; montée*, de *monter ; portée*, de *porter ;* ou s'ils marquent la contenance, comme une *brouettée*, une *charretée*.

Beaucoup d'autres noms féminins en *ée* dérivent aussi d'un verbe : *arrivée*, d'*arriver ; entrée*, d'*entrer*.

Exercice 177. *Écrivez les noms féminins terminés en* té, *en* tée, *ou en* ée, *qui dérivent des mots suivants :*

Absurde, actif, agile, antique, aride, arriver, assembler, atroce, brutal, captif, célèbre, cher, chrétien, cupide, dérober, dicter, difforme, dur, durer, enjamber, énorme, entrer, facile, fatal, fertile, fier, fricasser, généreux, inégal, jeter,

lever, modique, monter, naïf, net, oisif, pincer, porter, précoce, prodigue, ranger, rapace, régulier, renommer, rustique, salubre, sinueux, sobre, suave, sourd, traverser, vain, vif, voler.

---

171. — Dans les noms, la finale qui se prononce *eur* s'écrit par ces trois lettres. Ex. : *ardeur*, *peur*, *bonheur*. Sont exceptés les noms *beurre*, *demeure*, *heure*, *leurre*, et quelques autres d'un usage moins fréquent.

172. — Les finales *xion* et *ction* se prononcent de la même manière; mais on n'écrit par *xion* que les mots *complexion*, *flexion*, *fluxion*, *génuflexion*, *inflexion*, *réflexion*, et deux ou trois autres fort peu usités. Dans tous les autres mots cette finale s'écrit *ction* : *action*, *affection*, *fiction*, *jonction*, *perfection*, etc.

173. — On écrit par *en* et non par *an* la finale *ension* ou *ention*. Ex. : *appréhension*, *attention*, *dissension*, *détention*. Il n'y a d'excepté qu'*expansion*.

Exercice 178. *L'élève copiera tous les mots qui sont en caractère italique dans les trois paragraphes* 171, 172 *et* 173 ; *ensuite le maître en donnera de vive voix la signification, puis il dictera de petites phrases renfermant ces mots ou d'autres mots à terminaisons pareilles.* (Voir notre Choix de dictées.)

174. — La terminaison qui se prononce *man* s'écrit *ment* : 1° dans les noms qui dérivent d'un verbe : *contentement*, de *contenter*; *sentiment*, de *sentir*; 2° dans les adverbes, comme nous l'avons dit précédemment (158).

Exercice 179. *Écrivez les noms en* ment *qui dérivent des verbes suivants, de cette manière :* abaisser — abaissement.

Abaisser, abattre, accabler, accomplir, accroître, applaudir, avancer, avertir, changer, châtier, commencer, consentir, déguiser, emporter, juger, loger, soulever, vêtir.

---

175. — La terminaison *eindre* s'écrit de cette manière, c'est-à-dire par un *e* avant l'*i*, dans la plupart des verbes : *peindre*, *teindre*. Les seuls verbes où elle s'écrit *aindre*, par un *a*, sont *craindre*, *plaindre* et *contraindre*. On observe la même orthographe dans les noms et les adjectifs qui dérivent de ces verbes : *peinture*, *teinte*, *teinture*; *crainte*, *craintif*; *plainte*, *contrainte*.

176. — La terminaison *endre* des verbes s'écrit de cette manière, c'est-à-dire par un *e* : *attendre*, *vendre*, *défendre*. Dans les noms qui dérivent de ces verbes, le son *an* s'écrit aussi par un *e* : *attente*, *vente*, *défense*. Les deux seuls verbes exceptés sont *épandre* et *répandre*.

Exercice 180. *Écrivez les noms qui dérivent des verbes suivants, de cette manière :* Peindre — peinture.

Peindre, teindre, atteindre, ceindre, craindre, feindre, contraindre, plaindre, étreindre, attendre, défendre, dépendre, descendre, entendre, étendre, fendre, pendre, prétendre, suspendre, vendre, revendre.

---

177. — Les verbes terminés par *quer* comme *fabriquer*, *appliquer*, gardent les lettres *qu* dans toute leur conjugaison ; mais en général, dans les noms et dans les adjectifs qui en dérivent, *qu* se change en *c* devant *a* : *fabrication*, *fabricant*, *application*, *applicable*.

Il faut excepter cependant les mots *attaquable*, *attaquant*, *choquant*, *critiquable*, *croquant*, *immanquable*, *marquant*, *remarquable*, *risquable* et *trafiquant*.

Exercice 181. *Écrivez les noms et les adjectifs dérivant des verbes suivants, et qui changent* qu *en* c *devant* a, *ou qui gardent les lettres* qu *aussi devant* a.

Abdiquer, appliquer, attaquer, choquer, communiquer, compliquer, confisquer, convoquer, critiquer, croquer, défalquer, embarquer, s'embusquer, évoquer, fabriquer, indiquer, invoquer, manquer, marquer, plaquer, pratiquer, prévariquer, provoquer, remarquer, revendiquer, révoquer, risquer, suffoquer, trafiquer, vaquer.

---

178. — Les voyelles nasales *an*, *in*, *on*, *un*, s'écrivent par une *m* devant *b*, *m* et *p* : *ambitieux*, *emmener*, *impiété*, *combat*, *compagnon*, *humble*. Sont exceptés *bonbon*, *bonbonnière*, *embonpoint*, *néanmoins*, et la terminaison *înmes* des verbes : *nous vînmes*.

179. — Il faut remarquer que dans les mots français la lettre *j* n'est jamais placée devant un *i* ou un *y*; ainsi l'on écrit *gibet*, *agile*, *gymnastique*. Le *j* ne peut être suivi d'un *i* ou d'un *y* que par l'élision du pronom *je* devant un verbe : *j'invite*, ou devant le mot *y* : *j'y vais*.

Exercice 182. *Composez de petites phrases dans chacune desquelles vous ferez entrer un des mots qui sont en caractère italique dans les deux paragraphes* 178 *et* 179.

---

180. — Redoublement des consonnes. On écrit par deux *c* la plupart des mots commençant par *ac* ou *oc*, comme *accomplir*, *occasion*. Sont exceptés *acabit*, *académie*, *acariâtre*, *acacia*, *aconit*, *acajou*, *acanthe*, *ocre*, *oculaire*, *oculiste*, etc., et leurs dérivés.

Tous les mots commençant par *dif*, *of* ou *suf*, prennent deux *f*; exemples : *difficulté*, *offre*, *suffrage*.

On écrit aussi par deux *f* ceux qui commencent : 1° par *af*, comme *affaire*, *affliction*, etc. ; excepté *afin* et *Afrique* ; — 2° par *ef*, comme *effacer* ; excepté *éfaufiler* ; — 3° par *souf*, comme *souffrir* ; excepté *soufre*, *soufrer*.

Enfin on double : 1° la consonne *m* dans les mots commençant par *im*, tels que *immortel*, *immobile*. Excepté *image*, *imaginer*, *imiter* et leurs dérivés ;

2° La consonne *l*, dans ceux qui commencent par *il* : *illusion*, *illustre* ; excepté *île*, *ilote* et leurs dérivés ;

3° La consonne *r*, dans ceux qui commencent par *ir* : *irritation*, *irrégulier*. Excepté *irascible*, *iris*, *ironie*, et leurs dérivés.

4° La consonne *t*, dans les mots commençant par *at* : *attachement*, *atteler*. Excepté *atelier*, *athée*, *atermoiement*, *atome*, *atonie*, *atrabilaire*, *atroce*, etc., et leurs dérivés.

181. — On double la consonne *s* dans le corps des mots, lorsque cette lettre a le son dur entre deux voyelles : *assassin*, *vicissitude*, *dissyllabe*. Excepté dans *désuétude*, *entre-sol*, *havre-sac*, *monosyllabe*, *parasol*, *polysyllabe*, *préséance*, *présupposer*, *soubresaut*, *tournesol*, *vraisemblable*, *vraisemblance*, *vraisemblablement*, et quelques autres mots moins usités.

Exercice 183. *L'élève copiera tous les mots qui sont en caractère italique dans les deux paragraphes ci-dessus* 180 *et* 181 ; *ensuite le maître lui en donnera l'explication, puis il fera quelques dictées*. (Voir notre *Choix de Dictées*.)

---

182. — Emploi de l'apostrophe. L'apostrophe, qui remplace les voyelles *e*, *a*, *i*, dans l'élision de l'article ou de la conjonction *si* (01), s'emploie encore dans un grand nombre de cas, tels que dans l'élision des pronoms *je*, *me*, *te*, *se*, *ce*, *que*, de l'adverbe *ne*, de la préposition *de* et de la conjonction *que* : *J'aperçois bien* d'*ici*; *donnez*-m'*en un peu* ; c'*est la vérité* qu'*il cherche*; *il* n'*obéit pas*, etc.

L'usage fait parfaitement connaître ces différents cas : nous nous bornerons donc à faire quelques remarques sur l'emploi exceptionnel de ce signe orthographique.

1° Le mot *quelque* ne s'élide que devant *un*, *une : quelqu'un*, *quelqu'une;* il faut donc écrire : *Adressez-vous à quelque autre* (Acad.), et non pas *à quelqu'autre.*

2° *Jusque* s'élide seulement devant *à*, *au*, *aux*, *ici : Jusqu'à ce soir*, *jusqu'ici*, etc. ; *presque*, seulement dans *presqu'île ;* et la conjonction *si*, seulement devant les pronoms *il*, *ils : s'il veut*, *s'ils veulent.*

3° La préposition *entre* ne s'élide que dans les mots composés, comme *entr'acte*, *entr'ouvrir*, *s'entr'aider*. C'est donc un tort d'écrire *entr'eux*, *entr'elles ;* il faut écrire *entre eux*, *entre elles.*

4° La préposition *contre* ne s'élide jamais : *contre-ordre*, *contre elle.*

5° *Lorsque* et *quoique* ne s'élident que devant *il*, *ils*, *elle*, *elles*, *un*, *une*, *on ;* exemples : *Lorsqu'il écrit ; quoiqu'on l'eût maltraité. Puisque* s'élide devant les mêmes mots et devant l'adverbe *ainsi : Puisqu'on vous en prie ; puisqu'ainsi est, je ne conteste plus.* (*Acad.*)

6° L'usage veut que l'on écrive en mettant une apostrophe après le *d* les noms composés *grand'mère*, *grand'messe*, *grand'route*, (on dit aussi *la grande messe*, *la grande route*), ainsi que les locutions *à grand'peine*, *faire grand'chère*, *c'est grand'pitié*, *avoir grand'peur*, *ce n'est pas grand'chose.*

Exercice 184. *L'élève composera de petites phrases où il emploiera l'apostrophe dans quelques-uns des cas indiqués depuis 1° jusqu'à 6°. Le maître fera ensuite une dictée.* (Voir notre *Choix de Dictées.*)

---

183. — Emploi du trait d'union. Le trait d'union se place :

1° Entre les parties d'un nom composé, comme *chef-d'œuvre hôtel-Dieu ;*

2° Entre les parties d'un adjectif numéral, lorsque ces parties sont chacune moindres que *cent ;* exemples : *dix-neuf*, *vingt-six*, *quatre-vingt-huit*. Mais on écrit sans trait d'union, *deux cent quatre mille huit cent quatorze*, ainsi que les parties du nombre qui sont unies par *et : quarante et un.*

3° On réunit par un trait d'union le verbe et l'un des pronoms personnels *je*, *moi*, *tu*, *toi*, *il*, *elle*, *nous*, etc., les pronoms *ce*, *on* et le mot *y*, lorsque ces mots viennent après le verbe et en sont le sujet ou le complément. Exemples : *Viendrai-je? Attendez-moi. Qu'est-ce? Que veut-on? Venez-y. Donnez-le-moi.*

4° On place entre deux traits d'union le *t* euphonique qui précède le pronom sujet *il*, *elle* ou *on*; exemples : *A-t-il fini ? Viendra-t-elle ? M'a-t-on appelé ?*

5° On met aussi le trait d'union après le mot *très : Cet homme est très-savant* (Acad.); entre les particules *ci*, *là*, *da* et les mots auxquels on les joint : *celui-ci*, *celui-là*, *oui-da*.

184. — REMARQUE. L'Académie écrit avec deux traits d'union l'adverbe *sur-le-champ*, et sans traits d'union les adverbes *tout à fait tout à coup*. Elle écrit *longtemps* en un seul mot.

Exercice 185. *L'élève composera de petites phrases où il emploiera le trait d'union dans les divers cas indiqués aux paragraphes* 183 *et* 184. *Le maître fera ensuite une dictée.* (Voir notre *Choix de Dictées.*)

DEUXIEME PARTIE

ÉLÉMENTS DE SYNTAXE

CHAPITRE PREMIER

LE NOM OU SUBSTANTIF

Genre et nombre de certains noms.

85. — **Aigle**, oiseau, est du masculin : **Un** *aigle* **grand** *et* **fort.** — *Aigle*, enseigne militaire, est du féminin : *Les aigles* **romaines.**

Amour est du masculin au pluriel comme au singulier. On le fait du féminin au pluriel pour signifier un grand attachement, une vive passion : De **fatales** *amours* (1).

Automne est des deux genres ; mais le masculin est préférable : **Un** *automne* pluvieux.

Chose. Après *quelque chose* signifiant une *certaine chose*, l'adjectif qui suit se met au masculin : *Il m'a dit* quelque chose *de* fâcheux (*Acad.*), c'est-à-dire, il m'a dit *une certaine chose* de (ce qui est) *fâcheux ;* dans ce cas l'expression *quelque chose* ne forme en quelque sorte qu'un seul mot. Mais si *quelque chose* signifie *quelle que soit la chose,* alors cette expression forme deux mots, l'adjectif *quelque* et le nom *chose*, qui est du féminin. Exemple : Quelque chose *que je lui aie* **dite**, *je n'ai pu le convaincre* (Acad.) ; c'est-à-dire, *quelle que soit la chose* que je lui aie *dite*, etc.

Délice *et* **orgue** sont du masculin au singulier et du féminin au pluriel : **Un grand** *délice*, *de* **grandes** *délices ;* **un bon** *orgue*, *de* **bonnes** *orgues*.

Enfant est du masculin, s'il désigne un petit garçon ; il est du féminin, s'il désigne une petite fille : **Un bel** *enfant*, **une belle** *enfant*.

Hymne, signifiant un chant d'Église, en latin, est du fémi-

---

(1) Cette Esther, l'innocence et la sagesse même,
Que je croyais du Ciel les plus *chères amours*.
(RACINE.)

nin : *Les* **belles** *hymnes du bréviaire*. **Dans tout autre sens il est du masculin.**

Œuvre est du féminin. Cependant on le fait du masculin dans le sens d'entreprise très-importante, et lorsqu'on désigne un recueil de toutes les estampes d'un même graveur, ou les ouvrages d'un compositeur de musique (Acad.) : **Le second** *œuvre de Mozart* (1).

Période, espace de temps, est du féminin : **La** *période du moyen âge. Cette fièvre a des périodes* **régulières**. Il est du masculin, quand il signifie le plus haut point, le dernier degré : *L'éloquence fut portée à* **son** *plus* **haut** *période.*

Pleurs est du masculin et du pluriel : *des pleurs* **touchants**.

Exercice 186. *Mettez au genre et au nombre voulu les mots qui sont entre parenthèses.*

L'amour (*divin*) est la source de toutes les vertus. — Les solides vertus furent ses (*seul*) amours. — L'hymen va succéder à vos (*long*) amours (*Racine*). — C'est (*un grand*) délice. — Muses, soyez toujours mes plus (*cher*) délices. — L'espèce de l'aigle (*commun*) est moins pure et la race en paraît moins noble que celle du (*grand*) aigle. — Les aigles (*romain*) n'étaient point des aigles (*peint*) sur des drapeaux ; c'étaient des aigles d'argent ou d'or au haut d'une pique. — On m'a dit quelque chose qui est fort (*plaisant*). — Quelque chose qu'il eût (*fait*), il ne (*le*) niait jamais. — Quelque chose m'a été (*dit*).

Exercice 187. *Suite du précédent.*

L'orgue de cette église est (*excellent*). — Il y a de (*bon*) orgues dans cette église. — Charles, (*mon cher*) enfant, écoute-moi. — A qui est cette petite fille ? c'est (*un bel*) enfant. — Cette année, l'automne est fort (*sec*). — (*Le premier* et *le second*) œuvre de ce musicien sont fort (*estimé*). — Chacun sera jugé selon ses (*bon* ou *mauvais*) œuvres. — L'histoire se divise en (*différent*) périodes. — Racine a porté (*au plus haut*) période l'harmonie de la langue française. — Les (*ancien*) hymnes de l'Église ont le mérite de la simplicité. — La vie de Turenne est (*un*) hymne à la louange de l'humanité. — Voilà (*le premier*) pleurs qui coulent de mes yeux.

---

(1) Il est aussi du masculin dans *le grand œuvre*, la pierre philosophale.

186. — **Les noms suivants sont toujours du masculin :**

alvéole	équinoxe	légume
argent	évangile	monticule
armistice	exemple	obélisque
autel	hémisphère	ongle
centime	hospice	orage
décombres	hôtel	orifice
éloge	incendie	ouvrage
emplâtre	indice	parafe
épiderme	intervalle	pétale
épisode	ivoire	ulcère

Les suivants, au contraire, sont toujours du féminin :

amnistie	ébène	nacre
antichambre	enclume	paroi
armoire	épitaphe	patère
atmosphère	étable	réglisse
dinde	horloge	sentinelle
écarlate	immondice	tare

Exercice 188. *L'élève corrigera, s'il y a lieu, les mots qui sont en italique.*

De *bon* argent. De l'ébène bien *noir*. *Un long* armistice. Amnistie *plein* et *entier*. *Un bel* autel. *Un* hôtel *spacieux*. *Un petit* antichambre. Les *bons* exemples. *Un bel* exemple d'écriture. *Un petit* alvéole. *Un vieux* centime. *Le joli* armoire. *Un gros* dinde. *Le tendre* épiderme. *Un* épisode *intéressant*. *Un* équinoxe *pluvieux*. *Le saint* Évangile. *Le brillant* écarlate. L'hémisphère *septentrional*. *Un* atmosphère *lourd*. Un hospice bien *tenu*. *Un* enclume *pesant*. *Un bel* épitaphe. *Un* incendie *violent*. *Un* indice *certain*. *Un long* intervalle. *Un grand* étable. L'ivoire *blanc*. *Un bon* horloge. Des immondices *dégoûtants*. *Un bon* légume. *Un petit* monticule. *Le beau* nacre. *Un vieil* obélisque. *Un* ongle bien *fait*. *Le* paroi *intérieur*. *Le violent* orage. *Un* patère *élégant*. *Un* orifice *étroit*. *Du* réglisse *nouveau*. *Le bel* ouvrage. *Un* pétale *blanc*. *Le* sentinelle *vigilant*. *Un beau* parafe. *Un* ulcère *rongeur*. *Le* tare *trop fort*.

---

187. — *Genre du nom* GENS. **Gens** est un nom pluriel et désigne toujours les personnes. Les mots qui se rapportent à ce nom sont du masculin, qu'ils soient placés avant ou après lui ; exemples : **Heureux** *sont les* gens *qui savent être* **modérés** *dans leurs désirs!*

Quels *sont ces* **gens** ? **Tous** *les* gens *de bien*. **Tous** *les* **honnêtes** gens. *Les* **premiers braves** gens.

188. — Exception. Les adjectifs qui n'ont pas la même terminaison pour le masculin et le féminin, tels que *bon*, *quel* se mettent au féminin, s'ils sont placés *immédiatement* avant le mot *gens*; exemples : *J'aime ces* **bonnes** gens. **Quelles** gens *êtes-vous?*

Lorsqu'à ce premier adjectif il s'en joint un ou plusieurs autres, placés avant le mot *gens*, ils se mettent aussi au féminin : **Heureuses** *sont les* **vieilles** gens *qui ont bien vécu !*

Remarque. Lorsque le mot *gens* s'emploie pour désigner une profession, tous les adjectifs qui s'y rapportent sont du masculin, même ceux qui le précèdent immédiatement : **Certains** gens *d'affaires* (Acad.).

Exercice 189. *Comme le précédent.*

Voilà des gens bien (*fin*). — Il faut savoir s'accommoder de (*tout*) gens. — Ce sont de fort (*dangereux*) gens. — Ce sont des gens fort (*dangereux*). — Les a-t-on (*instruit*), ces (*brave*) gens, de l'arrivée de leur bienfaiteur ? — (*Instruit*) par l'expérience, les (*vieux*) gens sont (*soupçonneux*). — Parler et offenser, pour de (*certain*) gens, est précisément la même chose. — (*Certain*) gens de robe sont loin d'être de (*bon*) gens. — De (*tel*) gens sont à plaindre. — (*Tel*) sont les gens qu'on voit régenter l'univers ! — Ce sont les (*meilleur*) gens que j'aie jamais (*vu*). — Que dis-tu d'un pays où l'on tolère de (*pareil*) gens ? — (*Tout*) les (*honnête*) gens vous blâmeront. — (*Tout*) les (*vieux*) gens aiment les enfants sages.

Pluriel des noms AÏEUL, CIEL, ŒIL.

189. — **Aïeul**, pluriel *aïeux*, pour signifier *ancêtres : Les Gaulois et les Francs sont nos* **aïeux**. Il fait *aïeuls* pour désigner le grand-père paternel et le grand-père maternel : *Il a encore ses deux* **aïeuls**.

190. — **Ciel**, pluriel *cieux : Notre père, qui êtes aux* **cieux**. Il fait *ciels*, en terme de peinture : *Ce peintre fait bien les* **ciels** ; ainsi que dans *ciels de lit* et dans *ciels de carrière*.

191. — **Œil**, pluriel *yeux : J'ai mal aux* **yeux**. Il fait au pluriel *œils*, dans *œils-de-bœuf*, sortes de fenêtres rondes ou ovales, ainsi que dans les noms de certaines plantes ou de certaines pierres précieuses, tels que *œils-de-chat*, *œils-de-serpent*, etc. Mais il faut dire les *yeux* de la soupe, du bouillon, du pain, du fromage. (*Acad.*)

Exercice 190. *Mettez au pluriel les noms en italique.*

C'était la mode chez nos (*aïeul*). — Ses deux (*aïeul*) assistaient à son mariage. — Il a hérité de ses deux (*aïeul*). — Qui sert bien son pays n'a pas besoin d' (*aïeul*). — Ce peintre fait bien les (*ciel*). — Les (*ciel*) annoncent la gloire de Dieu. — Les (*ciel*) de ces lits ne sont pas assez hauts. — Le courage brille dans ses (*œil*). — Ce bouillon est très-gras, il a beaucoup d' (*œil*). — Les (*œil*) - de-bœuf de la cour du Louvre sont ornés de sculptures. — Je vous donne un pain qui a des (*œil*) et du fromage qui n'a point d' (*œil*). — Nos (*œil*) furent témoins de cette étrange aventure. — Les pierres appelées (*œil*)-de-poisson ne sont pas d'un grand prix.

Pluriel des noms propres.

192. — Les noms propres ne prennent point la marque du pluriel, s'ils désignent réellement des personnes ainsi nommées. Exemples : *Les deux* **Corneille** *étaient frères. Connaissez-vous Messieurs* **Dupré ?** *Les* **Corneille**, *les* **Molière**, *les* **Racine**, *les* **La Fontaine**, *ont illustré le siècle de Louis XIV.*

193. — Les noms propres deviennent des noms communs, lorsqu'ils désignent non pas des personnes ainsi nommées, mais des personnes qui leur ressemblent par leurs qualités, leurs talents, etc. Dans ce cas ils prennent la marque du pluriel. Exemple : *Les* **Corneilles**, *les* **Molières**, *les* **Racines** *sont rares ;* c'est-à-dire, les poëtes semblables à Corneille, à Molière, à Racine.

Exercice 191. *L'élève corrigera s'il y a lieu.*

Les (*Racine*), originaires de la Ferté-Milon, y sont connus depuis longtemps.— Donnez-moi des (*David*) et des (*Pharaon*) amis du peuple de Dieu, et ils pourront avoir des (*Nathan*) et des (*Joseph*) pour ministres. — L'Espagne s'honore d'avoir vu naître les deux (*Sénèque*). — Ceux qui ont écrit l'histoire en France n'étaient pas des (*Tacite*). — Les deux (*Corneille*) se sont distingués dans la république des lettres ; les deux (*Cicéron*) ne se sont pas également illustrés. — Qui nous dit que de nos jours, parmi les nations policées ou barbares, on ne trouverait pas des (*Homère*) et des (*Lycurgue*) occupés des plus viles fonctions ?

Pluriel des noms composés.

194. — Règle générale. Dans les noms composés, il n'y a

que le nom et l'adjectif qui puissent prendre la marque du pluriel ; tout autre mot, verbe, adverbe, préposition, reste invariable. Ainsi :

1° Si le nom composé est formé de deux noms ou d'un nom et d'un adjectif, les deux parties prennent la marque du pluriel : *Une reine-marguerite, des reines-marguerites ; un chef-lieu, des chefs-lieux ; une basse-cour, des basses-cours ; un beau-père, des beaux-pères.*

Remarque. Si les deux noms sont unis par une préposition, le premier seul prend la marque du pluriel : *Un chef-d'œuvre, des chefs-d'œuvre ; un arc-en-ciel, des arcs-en-ciel* (1).

2° Quand le nom composé est formé d'un nom et d'un verbe, ou d'un adverbe, ou d'une préposition, le nom seul prend la marque du pluriel : *Un avant-coureur, des avant-coureurs ; un passe-port, des passe-ports* (Acad.).

3° Si dans le mot composé il n'entre ni nom ni adjectif, aucune des parties ne prend la marque du pluriel. Exemples : *Un passe-partout, des passe-partout ; un ouï-dire, des ouï-dire.*

195. — Remarque. Il y a beaucoup d'exceptions indiquées par le sens du mot composé. Ainsi, l'on écrit : *Un hôtel-Dieu, des hôtels-Dieu ;* c'est-à dire, *des hôtels de Dieu.*

De même on écrit, tant au singulier qu'au pluriel :

Un *ou* des *serre-tête* (pour serrer *la* tête) ;
— — *gagne-pain* (des métiers, des outils, etc., pour gagner *son* pain) ;
— — *contre-poison* (remèdes contre *le* poison) ;
— — *tête-à-tête* (entretiens où l'on est *tête* contre *tête*, c'est-à-dire *seul* à *seul*) ;
— — *coq-à-l'âne* (discours sans suite où l'on saute du *coq* à *l'âne*) ;
— — *couvre-pieds* (couvertures pour couvrir *les* pieds) ;
— — *serre-papiers* (pour serrer *les* papiers) (Acad.) ;
— — *cure-dents* (pour curer *les* dents) ;
— — *essuie-mains* (linges pour essuyer *les* mains) (2).

(1) On prononce *arkanciel*, même au pluriel. (Acad.)

(2) L'Académie écrit un *couvre-pied*, un *cure-dent*, un *essuie-main*, et cependant elle définit ainsi ces mots : *couvre-pied*, sorte de petite couverture pour couvrir *les pieds ; cure-dent*, petit instrument dont on cure *les dents ; essuie-main*, linge qui sert à essuyer *les mains*. Nous pensons, avec tous les grammairiens, que ces noms sont tout à fait analogues au nom composé *serre-papiers*.

Exercice 192. *Faites l'application des règles et des remarques.*

Vos deux (*beau-frère*) vous attendent. — Cet homme n'est pas franc, il a des (*arrière-pensée*). — La littérature française renferme un grand nombre de (*chef-d'œuvre*). — Les (*chou-fleur*), les (*chou-navet*) et les (*chou-rave*) sont de la famille des crucifères. — Les escarbots sont des insectes que l'on appelle aussi (*cerf-volant*). — On nourrit beaucoup de volaille dans les (*basse-cour*). — Les (*ver-à-soie*) sont originaires de la Chine. — On dit nos (*arrière-neveu*) pour indiquer les hommes qui vivront longtemps après nous. — Venez voir deux (*arc-en-ciel*). — Les petites roues et le timon forment les (*avant-train*) des voitures.

Exercice 193. *Suite du précédent.*

Il y a des (*hôtel-Dieu*) dans tous les (*chef-lieu*) de département. — Les (*oiseau-mouche*) sont les bijoux de la nature. — Cet étourdi fait toujours des (*coq-à-l'âne*). — Les Cosaques sont ordinairement les (*avant-coureur*) des armées russes. — Ces deux messieurs ont de fréquents (*tête-à-tête*). — On va nous demander nos (*passe-port*). — On ne trouve guère les (*chat-huant*) que dans les bois. — La nature semble nous offrir les (*contre-poison*) à côté des poisons mêmes. — Les supérieurs des communautés avaient des (*passe-partout*) pour ouvrir toutes les portes. — Donnez-moi un (*cure-dents*), s'il vous plaît. — Vous achèterez un (*couvre-pieds*), un (*essuie-mains*), un (*serre-papiers*) et des (*serre-tête*). — Pauvres gens, quels sont vos (*gagne-pain*) ?

CHAPITRE II

L'ARTICLE

196. — En général, on doit répéter l'article devant chaque nom. On dit : *Les soldats et les officiers*, et non *les soldats et officiers*.

Exercice 194. *Corrigez en répétant l'article, simple ou contracté, suivant le sens de la phrase.*

La terreur se répandit dans les *bourgs et villages*. — *Les père et mère* prennent soin de leurs petits à peine couverts de plumes. — *Les sapins et cèdres* couronnent les montagnes de l'Arabie. — *Les rochers, marais, vases, sables*, ont des végétaux qui leur sont propres. — Le général distribua des récompenses *aux soldats et bourgeois* qui s'étaient distingués par leur bravoure. — Jusqu'à l'âge de sept ans, l'enfant, chez les Spartiates, était laissé aux soins *des père et mère.*

---

197. — On emploie *du, de le, de la, des,* avant les noms pris dans un sens partitif, c'est-à-dire désignant une partie de la totalité. Dans ce cas, *du, de le, de la, des,* équivalent à l'adjectif *quelque* ou aux expressions *une certaine quantité, un certain nombre de.* Exemples : *Donnez-lui* du *pain et* de *l'eau,* c'est-à-dire *une certaine quantité* de pain *et* d'eau. *Il y a des enfants qui sont paresseux,* c'est-à-dire, *quelques* enfants, *un certain nombre* d'enfants.

Mais *du, de la, des,* n'expriment point un sens partitif dans : *La parole* du *maître; le tour* de la *terre ; je viens* des *Pyrénées.*

Exercice 195. *Dites si les noms en caractère italique et qui sont précédés des mots* du, de le, de la, des, *sont pris ou non dans un sens partitif.*

Le propriétaire *de la ferme* nous donna *de la crème, des noix* et *du pain.* — *Des navires* français ou étrangers nous apportent *du sucre, du café, du coton, de l'ivoire* et autres productions *de l'Amérique, des Indes* et *du Sénégal.* — Il y a *de l'honneur* à tenir sa parole. — Ecoutez la voix *de l'honneur.* — Voulez-vous *du fromage ?* — Voilà le reste *du fromage* que j'ai acheté hier.

---

198. — Règle. Si le nom pris dans un sens partitif est précédé d'un adjectif, on met *de* et non *du, de le, de la, des,* devant cet adjectif. Exemples : *J'ai mangé* de *bon pain,* et non pas *du* bon pain. *Il a* de *bonnes plumes,* et non pas *des* bonnes plumes.

Exercice 196. *Remplacez les points par* de *ou bien par* du, de la, des, *suivant le cas.*

Vous avez là ... beau papier. Est-ce ... papier à lettre ? — J'ai trouvé ... billes et ... grosses balles. — La plupart des hommes n'ont que ... idées imparfaites de la reconnaissance. — L'usage de se faire ... petits présents et de s'adresser réciproquement ... souhaits de bonne année, le premier jour de l'an, est fort ancien. — Nous avons bien déjeuné. Nous avons mangé ... bon pain, ... pommes excellentes, et nous avons bu ... bon vin et ... très-bonne eau. — Vous trouverez là ... eau très-bonne. — Ils ont traversé ... superbes pays. Ils voyaient autour d'eux ... plaines très-vastes, ... riches moissons, ... pâturages abondants où paissaient ... nombreux **troupeaux.**

---

199. — Devant *plus*, *moins* et *mieux*, l'article varie si l'on exprime une comparaison entre différents objets : *La rose est* la *plus belle des fleurs ;* ici nous comparons la rose aux autres fleurs.

Mais l'article reste invariable s'il n'y a point comparaison avec un autre objet : *C'est le matin que cette fleur est* le *plus belle ;* c'est-à-dire belle *au plus haut degré.* Ici nous ne comparons la fleur qu'à elle-même, et non à une autre fleur.

On voit que, dans ce dernier cas, *le plus*, *le mieux*, signifient *au plus haut degré ; le moins* signifie alors *au plus bas degré.*

200. — L'article est encore invariable lorsque *le plus*, *le mieux*, *le moins*, modifient un verbe ou un adverbe. Exemple : *C'est la fleur que j'aime* le *mieux ;* c'est-à-dire que j'aime *au plus haut degré.*

Exercice 197. *Remplacez les points par l'article masculin ou féminin, singulier ou pluriel, conformément aux règles précédentes.*

Ce sont les hommes... plus sages de l'assemblée. — C'est la femme du monde... plus vertueuse. — C'est la leçon que je sais... mieux. — Ceux de nos auteurs dramatiques qui ont... mieux écrit sont aussi ceux qui ont... plus intéressé. — La lune n'est pas aussi éloignée de la terre que le soleil, lors même qu'elle en est ... plus éloignée. — L'Asie est... plus grande des cinq parties du monde; l'Europe est... plus petite. — C'est le moment de la journée où nous sommes... moins occupés. — Les gens qui par modération aiment la paix sont... plus redoutables dans la guerre. — J'admirais les coups de la fortune, qui relève ceux qu'elle a... plus abaissés. — Quoique cette femme montre plus de fermeté que les autres, elle n'est pas pour cela... moins affligée. — C'est auprès de ses enfants que cette mère est... plus heureuse. — La mère de ces enfants est... plus heureuse des mères.

CHAPITRE III

L'ADJECTIF

Adjectifs invariables.

201. — Tout adjectif employé comme adverbe est invariable : *Ces livres coûtent* cher ; c'est-à-dire, coûtent *chèrement.*

Exercice 198. *Employez comme adjectifs ou comme adverbes, suivant le sens, les mots qui sont entre parenthèses.*

Elle a dit cela à (*haut*) voix. — Sa voix ne peut pas monter plus (*haut*). — Il vend (*cher*) sa marchandise. — La bonne marchandise est toujours (*cher*). — Elle est demeurée (*court*) après les premiers mots de son compliment. — Cette robe est trop (*court*). — Cette partie du rivage est fort (*bas*). — Sa voix ne peut pas descendre plus (*bas*) que le *fa*. — Cette viande est (*mauvais*), elle sent (*mauvais*). — Madame, marchez (*droit*) devant vous. — Mademoiselle, ne penchez pas le haut du corps en avant ; tenez-vous (*droit*).

---

202. — Les adjectifs *demi*, *nu*, *excepté*, *supposé*, *compris* et *passé*, ne varient pas lorsqu'ils sont placés avant le nom : *Une* **demi**-*heure*, **nu**-*pieds*, **excepté** *ces enfants*, **supposé** *cette chose*, *non* **compris** *l'artillerie*, **passé** *six heures*.

Ces mêmes adjectifs s'accordent avec le nom, lorsqu'ils sont placés après lui : *Une heure et* **demie**, *pieds* **nus**, *ces enfants* **exceptés**, *cette chose* **supposée**, *l'artillerie non* **comprise**, *six heures* **passées**.

203. — Remarque. I. L'adjectif *demi* placé après le nom s'accorde en genre avec ce nom, mais il reste toujours au singulier : *Trois heures* et demie ; c'est-à-dire, trois heures et *une demie*.

II. Le mot *demie* employé comme nom est du féminin et prend la marque du pluriel : *Une* demie, *deux* demies ; *cette horloge sonne les* demies.

III. L'adjectif *nu*, quoique placé devant le nom, s'accorde avec ce nom s'il est précédé de l'article : *La* nue *propriété* ; c'est-à-dire la propriété sans les revenus.

204. — L'adjectif *feu*, signifiant *défunt*, précède toujours le nom auquel il se rapporte ; il ne varie pas, s'il n'est point placé immédiatement avant le nom, et s'accorde avec ce nom, si rien ne l'en sépare. Exemples : Feu *ma tante*, *ma* feue *tante*.

Exercice 199. *Appliquez les règles et les remarques.*

L'ouverture d'un volcan a souvent plus d'une (*demi*)-lieue. — Nous passâmes la nuit à deux lieues et (*demi*) de Rome. Cette pendule sonne-t-elle les heures et les (*demi*) ? — Il avait la tête (*nu*) et les jambes (*nu*). — Il était (*nu*)-tête et (*nu*)-jambes. — Il a conservé la (*nu*) propriété de cette terre. — Ils ont tous péri, (*excepté*) cinq ou six personnes. — Ils ont tous péri, cinq ou six personnes (*excepté*). — La chose (*supposé*) de la manière que vous dites, que faut-il faire? — (*Supposé*) cette circonstance, à quoi vous décidez-vous? — Il a dix mille francs de revenu, non (*compris*) la maison où il loge. — Il a dix mille francs de revenu, la maison où il loge non (*compris*). — (*Passé*) cette époque, il ne sera plus temps. — On connaît sa vie (*passé*). — Je l'ai ouï dire à votre (*feu*) mère. — Je l'ai ouï dire à (*feu*) votre mère.

Adjectifs numéraux.

205. Les adjectifs numéraux *vingt* et *cent* prennent une *s*, lorsqu'ils sont précédés d'un autre adjectif numéral qui les multiplie, comme dans *quatre-vingts* (quatre fois vingt), *six cents francs* (six fois cent francs). A moins cependant qu'ils ne soient suivis d'un autre adjectif numéral, comme dans *quatre-vingt-un*, *quatre-vingt-deux*, *six cent douze*.

206. — *Vingt* et *cent* ne prennent point la marque du pluriel, si l'adjectif numéral qui les précède ne les multiplie pas. Exemples : *Cent* vingt *hommes* (cent plus vingt), *mille* cent *ans avant* (mille plus cent).

Ils sont encore invariables, lorsqu'ils sont employés à la place des adjectifs numéraux ordinaux : *Page* quatre-vingt, *l'an* six cent; c'est-à-dire, page *quatre-vingtième*, l'an *six-centième*.

207. — L'adjectif numéral *mille* est toujours invariable : *Quatre* mille *hommes*. Mais le mot *mille*, mesure de chemin, est un nom et prend une *s* au pluriel : *Trois* milles *d'Angleterre font une lieue*.

Pour la date des années, l'usage *ordinaire* est d'écrire *mil* : *L'an* mil *huit cent soixante*.

Exercice 200. *Écrivez en toutes lettres les nombres marqués en chiffres.*

Chaque compagnie était de 80 soldats ; elle avait été d'abord de 100 hommes, puis de 85. — L'imprimerie n'est connue que depuis environ 400 ans. — Le centre de la terre est à environ 6,600 kilomètres de nous. — La somme s'élevait à 500 francs, et non à 520 francs. — Charlemagne fut proclamé empereur l'an 800. — La bataille d'Eylau fut gagnée par les Français sur les Russes et les Prussiens, l'an 1807 : les ennemis y perdirent plus de 20,000 hommes. — Ce cheval fait six (*mille* ou *milles*) par heure.

Adjectifs possessifs.

208. — En général, on doit répéter l'adjectif possessif devant chaque nom. Exemples : Ses *livres et* ses *plumes*, et non pas *ses livres et plumes. Ces enfants ont perdu* leur *père et* leur *mère*, et non pas *leur père et mère.*

Exercice 201. *L'élève corrigera.*

Ses père et mère sont estimables. — Où as-tu mis *tes vêtements et souliers ?* — Les soldats doivent respecter *leurs officiers et sous-officiers.* — Vos *grand-père et grand'mère* désirent vous voir. — Rendez-moi mes *hardes et papiers.*

---

209. — On dit, en mettant *leur* au singulier, **leur** père *et* **leur** mère, si les enfants dont on parle sont frères et sœurs ; parce que dans ce cas il n'y a qu'un seul père et qu'une seule mère. Autrement il faudrait écrire : *Ces enfants ont perdu* **leurs** pères *et* **leurs** mères, en mettant *leurs* et les noms *pères*, *mères* au pluriel, parce qu'alors il y aurait plusieurs pères et plusieurs mères.

Un moyen facile de savoir s'il faut mettre *leur* et le nom au singulier ou au pluriel, c'est de remplacer *leur* par l'article, en mettant *d'eux* ou *d'elles* après le nom ; l'adjectif *leur* devra être au singulier ou au pluriel, suivant que l'article et le nom seront eux-mêmes au singulier ou au pluriel. Ainsi j'écrirai : *Pierre et sa sœur se sont retirés dans* **leur** maison (dans *la maison* d'eux). *Tous les habitants du village sortirent de* **leurs** maisons (*des maisons* d'eux).

210. — Remarque. *Leur* est toujours du singulier devant certains noms qui s'emploient nécessairement au singulier, comme *santé, conduite.* Exemples : *Ils nous ont donné des nouvelles de* **leur** santé (de *la* santé *d'eux*). *Je n'approuve point* **leur** conduite (*la* conduite *d'eux*). On dit de même : *Mes amis, donnez-nous des nouvelles de* **votre** *santé*, et non pas *de vos santés.*

Exercice 202. *Remplacez les points par l'adjectif* leur.

Les orateurs se peignent dans ... ouvrages. — Ces deux enfants sont frères ; ils ont perdu ... père. — Il ne faut jamais faire balancer les hommes entre ... intérêts et ... conscience. — Depuis une heure entière, cinq religieux et ... domestiques étaient sur les traces des voyageurs, lorsque l'aboiement des chiens annonça ... retour. — Ils entassaient dans ... chapeaux des pièces d'or et d'argent. — Les pères mourants envoient ... fils pleurer sur ... général mort. — Mes lettres sont arrivées à ... destination.

---

211. — On emploie *son, sa, ses, leur*, pour indiquer ce qui appartient à *une chose*, toutes les fois que le nom de cette chose est exprimé dans la même phrase comme sujet du verbe. Exemple : Paris *a* **ses** *agréments*. Les agréments de qui? *de Paris*, sujet de la phrase dans laquelle on emploie l'adjectif *ses*.

Mais si le nom de chose n'est pas exprimé dans la même phrase comme sujet, on emploie l'article devant ce nom, au lieu de *son, sa, ses*, et l'on met le pronom *en* devant le verbe. Ainsi, en parlant de Paris, on dira : ***J'en*** *admire* **les** *monuments;* **les** *promenades* **en** *sont belles;* et non pas, j'admire *ses* monuments, *ses* promenades sont belles.

212. — Remarque. Cependant, quoique le nom de chose ne soit pas sujet de la phrase, on doit mettre *son, sa, ses*, dans cette même phrase, et non le pronom *en :* 1° Lorsque *son, sa, ses* se rapportent au sujet d'un verbe *attributif;* ainsi, en parlant de Paris, on dira : Ses *promenades attirent la foule*, et non *les promenades* en *attirent la foule.*

2° Lorsque *son, sa, ses*, sont régis par une préposition ; exemple : *J'admire la beauté* de **ses** *monuments.*

Exercice 203. *Répondez à la question qui suit chaque phrase et justifiez l'emploi de l'adjectif possessif* son, sa, ses, leur, *ou du pronom* en ; *par exemple, pour la première phrase :* L'utilité et la valeur de quoi? — De chaque chose. *On met* son *et* sa, *parce que le mot* chose *est exprimé dans la même phrase comme sujet du verbe.*

Chaque chose a *son* utilité et *sa* valeur. *L'utilité et la valeur de quoi?* — Ces arbres sont entièrement dépouillés, nous *en* avons cueilli tous les fruits. *Les fruits de quoi?* — Ces arbres ne sont plus aussi chargés qu'ils l'étaient ; nous avons cueilli la plus grande partie de *leurs* fruits. *Les fruits de quoi?* — La montagne s'ébranle et *sa* cime entr'ouverte vomit des tourbillons de fumée. *La cime de quoi?* — Paris est beau, j'*en* admire les promenades. *Les promenades de quelle ville?* — Paris est beau, j'admire l'étendue de *ses* promenades. *Les promenades de quelle ville?* — Ces pays ont *leurs* beautés et *leurs* avantages. *Les beautés et les avantages de quoi?* — Ces arbres sont bien exposés, mais *leurs* fruits ne mûrissent pas. *Les fruits de quoi?*

Adjectifs indéfinis.

213. — **Même** est adjectif et par conséquent variable, ou adverbe et par conséquent invariable.

Il est adjectif et exprime l'identité ou la ressemblance : 1° quand il est *immédiatement* avant un nom ou après un pronom : *Ce sont les* mêmes *personnes. Ce sont* elles-mêmes ; 2° en général, lorsqu'il est après un seul nom : *Ce sont ces hommes* mêmes *que j'ai vus ;* c'est-à-dire, ces hommes *eux-mêmes.*

214. — *Même* est adverbe et signifie *aussi, encore, de plus, en outre, jusqu'à :* 1° lorsqu'il modifie un verbe : *Vous finirez* même *par tomber ;* c'est-à-dire vous irez à la fin *jusqu'à* tomber ; 2° lorsqu'il est placé après plusieurs noms : *Les vieillards, les femmes, les enfants* même *ne furent pas épargnés ;* c'est-à-dire, les enfants *aussi, pas même* les enfants.

Exercice 204. *Remplacez les points par le mot* même, *variable ou invariable, suivant le cas.*

Dans tous les temps les... causes produiront les... effets. — Ceux qui se plaignent de la fortune n'ont souvent à se plaindre que d'eux-... — L'ingratitude est un vice contre nature ; les animaux ... sont reconnaissants. — Nous ne devons pas fréquenter les impies ; nous devons ... les éviter comme des pestes publiques. — Les animaux, les plantes ... étaient au nombre des divinités égyptiennes. — Les ... vertus qui servent à fonder un empire, servent aussi à le conserver. — Les libertins, les impies ... tremblent à la vue de la mort. — Le sénat se trouva composé de ceux... qui s'opposaient le plus à la loi. — Les Romains ne vainquirent les Grecs que par les Grecs ... — J'ai tout à craindre de leurs larmes, de leurs soupirs, de leurs plaisirs ...

---

215. — **Tout** est adjectif lorsqu'il exprime l'idée de totalité : Tous *les hommes sont mortels. Je connais* toute *l'affaire.*

Tout est adverbe, et dès lors invariable, quand il signifie *tout à fait, entièrement, quoique.* Exemples : *Nos vaisseaux sont* tout *prêts* (*tout à fait* prêts). *Nous sommes* tout *oreilles* (*entièrement* oreilles). *Elle est* tout *étonnée* (*tout à fait* étonnée). Tout *utile qu'elle est, la richesse ne fait pas le bonheur* (*quoiqu'*elle soit utile, etc.).

216. — Exception. *Tout,* quoique adverbe, varie devant un

adjectif féminin commençant par une consonne ou par une *h* aspirée. Exemples : *Elle est* toute *stupéfaite,* toute *honteuse de la faute qu'elle a commise. Ces fleurs,* toutes *belles qu'elles sont, ne me plaisent point.*

Exercice 205. *Remplacez les points par* tout, toute *ou* tous.

Le plus précieux de ... les dons que nous puissions recevoir du ciel est une vertu pure et sans tache. — ... les hommes n'ont pas les mêmes aptitudes. — J'ai vendu ... mes marchandises. — Ces messieurs sont ... honteux de leur faute ; ils sont ... interdits. — Cette petite fille est ... honteuse de sa faute ; elle est ... interdite. — Vos amis sont-ils ... arrivés ? — Ces dames sont-elles ... arrivées ? — Les hommes, ... ingrats qu'ils sont, s'intéressent toujours aux victimes de l'ingratitude. — La Grèce, ... polie et ... sage qu'elle était, avait reçu les cérémonies des dieux du paganisme et leurs mystères impurs. — Baléazar a commencé son règne par une conduite ... opposée à celle de Pygmalion.

---

217. — On écrit **quel que** en deux mots, et **quelque** en un seul mot.

On écrit *quel que* en deux mots devant un verbe ; le mot *quel* est alors adjectif et s'accorde avec le sujet. Exemples : **Quels que** *soient les humains, il faut vivre avec eux. Il faut donner des raisons,* **quelles qu'***elles puissent être.*

On écrit *quelque* en un seul mot devant un nom, un adjectif ou un adverbe ; mais alors *quelque* est ou adjectif et par conséquent variable, ou bien adverbe et invariable.

1° *Quelque* est adjectif quand il précède immédiatement un nom ou un adjectif, suivi lui-même d'un nom : *J'ai rencontré* **quelques** *personnes. Pouvez-vous me prêter* **quelques** *bons livres?*

Il faut excepter cependant le cas où *quelque,* suivi d'un adjectif et d'un nom, a le sens de *si... que,* car alors il est adverbe et invariable. Exemple : **Quelque** *bons musiciens qu'ils soient ;* c'est-à-dire, *si* bons musiciens *qu'ils* soient, etc.

2° *Quelque* est adverbe et dès lors invariable devant un adjectif qui n'est pas immédiatement suivi d'un nom, ou bien lorsqu'il modifie un adverbe ; il signifie alors *si... que.* Exemples : **Quelque** *étourdies qu'elles soient ;* c'est-à-dire, *si* étourdies *qu'*elles soient ; **quelque** *adroitement qu'ils s'y prennent, ils n'en viendront pas à bout ;* c'est-à-dire, *si* adroitement *qu'*ils s'y prennent, etc.

218. — Remarque. *Quelque* est encore adverbe dans le sens d'*environ* : *Nous avons perdu* **quelque** *trois cents hommes.*

Exercice 206. *Emploi de* quel que *ou* quelque.

L'étude de l'histoire est nécessaire aux hommes, ... soient leur âge et la carrière à laquelle ils se destinent. — ... écrivains ont traité ce sujet. — ... puissants qu'ils soient, je ne les crains point. — Il y a de cela ... soixante ans. — De ... superbes distinctions que se flattent les hommes, ils ont tous la même origine. — ... soient vos desseins, ... soient vos intentions, n'oubliez jamais que Dieu vous jugera. — ... bons traducteurs qu'ils soient, ils ne comprendront pas ce passage. — Les jeux de hasard, ... médiocres qu'ils paraissent, sont toujours dangereux. — ... adroitement que vous vous y preniez, vous ne réussirez pas.

Exercice 207. *Suite du précédent.*

Les choses qui font plaisir à croire sont toujours crues, ... vaines et ... déraisonnables qu'elles puissent être. — Je serai heureux si je puis redresser ... erreurs populaires et répandre ... notions des sciences utiles. — ... soit votre intention, ... soient vos desseins, ... soient vos vues, ne faites jamais rien de contraire à l'honneur. — ... bonnes raisons qu'il ait données, on ne l'a pas écouté. — ... bien écrits que soient ces ouvrages, ils ont peu de succès. — Leurs demandes, ... elles soient, ne seront pas admises. — ... biens que l'on possède, ... talents que l'on ait, on ne doit pas en tirer vanité. — ... moyens que l'on ait employés pour diriger les ballons, on n'a pas pu encore y parvenir. — Nous avons tiré ... cinq ou six cents coups de canon.

CHAPITRE IV

LE PRONOM

Pronoms personnels.

219. — *Vous*, employé pour *tu*, veut le verbe au pluriel ; mais l'adjectif suivant reste au singulier. Exemple : *Mon fils*, vous serez estimé, *si* vous êtes sage.

220. — Le pronom *le*, lorsqu'il tient la place d'un nom ou d'un

adjectif pris substantivement, est variable ; c'est-à-dire qu'il s'accorde avec ce nom en genre et en nombre. Il signifie alors : *lui*, *elle*, *eux*, *elles*. Exemples : ***Madame, êtes-vous*** la malade? ***Oui, je*** la *suis;* c'est-à-dire, je suis *elle*, la malade. ***Messieurs, êtes-vous*** les amis ***dont mon frère m'annonce l'arrivée? Oui, nous*** les ***sommes;*** c'est-à-dire, nous sommes *eux*, les amis annoncés.

Mais le pronom *le* ne varie pas, lorsqu'il rappelle l'idée d'un adjectif ou d'un nom pris adjectivement. Il signifie alors *cela* ou *tel*, *telle*. Exemples : ***Madame, êtes-vous*** malade? *Oui, je* le *suis;* c'est-à-dire, je suis *cela*, je suis *telle*, malade. ***Êtes-vous, oui ou non***, mes amis? *Oui, nous* le *sommes;* c'est-à-dire, nous sommes *cela*, nous sommes *tels*, vos amis. ***Ces deux villes étaient des places fortes, et elles ne*** le ***sont plus*** (elles ne sont plus *cela*, des places fortes).

221. — Remarque. Le pronom *le* ne varie pas non plus, lorsqu'il tient la place d'un verbe ou d'une phrase entière; dans ce cas il signifie aussi *cela*. Exemple : ***Il faut s'accommoder à l'humeur des autres autant qu'on*** le ***peut*** (autant qu'on peut faire *cela*, s'accommoder).

Exercice 208. *Appliquez les règles des paragraphes* 219 *à* 221.

Mon ami, vous serez (*récompensé* ou *récompensés*) si vous êtes (*sage* ou *sages*).— Êtes-vous la fille de monsieur le duc? Oui, je (*le* ou *la*) suis. — Êtes-vous fille de monsieur le duc? Oui, je (*le* ou *la*) suis. — Messieurs, êtes-vous contents de ce discours? Oui, nous (*le* ou *les*) sommes. — Messieurs, êtes-vous les trois commissaires de la fête? Non, nous ne (*le* ou *les*) sommes pas. — Voyez Aigues-Mortes, Fréjus, Ravenne, qui ont été des ports et qui ne (*le* ou *les*) sont plus. — Les pauvres sont moins souvent malades faute de nourriture, que les riches ne (*le* ou *les*) deviennent pour en prendre trop. — Ma sœur, es-tu blessée? Non, je ne (*le* ou *la*) suis pas. — Cette femme est belle et elle (*le* ou *la*) sera longtemps. — Qu'appelez-vous douze hommes de bonne volonté? Nous (*le* ou *les*) sommes tous.

---

222. — Pour rappeler l'idée d'un nom de chose figurant comme sujet, on emploie ordinairement les pronoms *lui*, *elle;* mais on peut employer aussi le pronom réfléchi *soi*. Seulement il est d'usage aujourd'hui de n'employer ce pronom qu'au singulier. Ainsi l'on

dira bien : *Cette faute entraîne après soi bien des regrets;* mais il faut dire : *Les fautes entraînent après* elles *bien des regrets.*

223. — En parlant des personnes, il ne faut employer le pronom *soi* que lorsqu'il se rapporte à un pronom indéfini, comme *on, personne, quiconque, chacun,* ou à un infinitif. Exemples : On *ne doit jamais parler de* soi. Chacun *songe à* soi. N'aimer *que* soi, *c'est être mauvais citoyen.*

224. — En général, lorsqu'on parle des animaux ou des choses, il faut se servir des pronoms *en, y,* et non des pronoms *lui, elle, eux, elles,* précédés d'une préposition. Dites : Cet animal *est méchant, n'*en *approchez pas,* et non n'approchez pas *de lui.* Cette table *est encore bonne, j'y ferai mettre un pied,* et non je *lui* ferai mettre un pied.

Exercice 209. *Emploi de* soi *ou de* lui, elle, eux, elles.

Un bienfait porte sa récompense avec ... — Cet homme ne parle que de ... et rapporte tout à ... — On est égoïste, quand on ne songe qu'à ... — Toutes les guerres entraînent avec ... de grands maux. — La vertu est aimable de ... — L'Anglais porte partout sa patrie avec ... — Quiconque rapporte tout à ... n'a pas beaucoup d'amis.

Exercice 210. *Emploi de* y *dans les trois premières phrases et de* en *dans les trois autres.*

Chargez-vous de cette affaire, donnez-... vos soins. — Quant à la raison que vous m'alléguez, je m'... rends. — Je reçois votre lettre et j'... réponds sur-le-champ. — C'est un événement bien triste, j'... suis très-affligé. — Celui qui est dans la prospérité doit craindre d'... abuser. — Je vous confie mon cheval, ayez-... bien soin.

Pronoms démonstratifs.

225. — Le pronom ce devant le verbe *être* veut ce verbe au singulier, excepté lorsqu'il est suivi de la troisième personne du pluriel. On dit : C'est *moi,* c'est *toi,* c'est *lui,* c'est *nous,* c'est *vous qui;* mais il faut dire : Ce sont *eux,* ce sont *vos ancêtres qui ont bâti cette maison,* et non *c'est* eux, *c'est* vos ancêtres.

226. — Après les pronoms *celui, celle, ceux, celles,* il ne faut point mettre immédiatement un adjectif ou un participe ; par exemple, dites : *De tous ces moyens, n'employez que* ceux qui *sont raisonna-*

bles, ceux **qui** *sont approuvés par la raison*, et non pas *ceux raisonnables, ceux approuvés par la raison.*

Exercice 211. *Remplacez les points par le verbe* être *au temps indiqué entre parenthèses. Vous direz en outre pourquoi, dans les deux dernières phrases, on a employé le pronom* qui *et le verbe* être.

Ce ... (*passé défini*) les Phéniciens qui, les premiers, inventèrent l'écriture. — Ce... (*prés. de l'ind.*) nous qui vous attendons, et ce... (*prés. de l'ind.*) vous, messieurs, qui êtes en retard. — Ce... (*prés. de l'ind.*) eux que j'aperçois. Ce... (*futur*) vous qui le ferez. — Ce ... (*imparf. de l'ind.*) les récompenses terrestres que cherchait le peuple de Dieu dans l'observation de sa loi. — Ce goût n'est pas celui *qui* ... (*prés. de l'ind.*) dominant. — On ne trouve jamais le moineau dans les lieux déserts, ni même dans ceux *qui* ... (*prés. de l'ind.*) éloignés du séjour de l'homme.

---

227. — **Celui-ci, celui-là**, s'emploient de cette manière : *celui-ci*, pour la personne ou la chose nommée la dernière ; *celui-là*, pour la personne ou la chose nommée la première. Exemple : *Héraclite et Démocrite étaient d'un caractère bien différent* : **celui-ci** (Démocrite) *riait toujours* ; **celui-là** (Héraclite) *pleurait sans cesse.*

228. — **Ceci** désigne une chose plus proche, **cela** désigne une chose plus éloignée. Exemple : *Je n'aime pas* **ceci**, *donnez-moi* **cela.**

Exercice 212. *Emploi de* celui-ci *ou* celui-là, celle-ci *ou* celle-là, *au singulier ou au pluriel, suivant le sens.*

Préférez les sciences aux richesses : on peut perdre... ; mais... ne se perdent jamais. — Les magistrats et les guerriers servent également la patrie : ... par leur bravoure,... par leur sagesse. — Charlotte a bien récité sa leçon, Marie ne l'a pas sue ;... sera récompensée, ... sera punie. — Un magistrat intègre et un brave officier sont également estimables : ... fait la guerre aux ennemis domestiques, ... nous protége contre les ennemis extérieurs.

Pronoms conjonctifs.

229. — **Le pronom conjonctif qui est toujours de la même personne et du même nombre qne son antécédent. Ainsi il faut dire :**

C'est moi **qui** *suis le premier ; c'est* toi **qui** *as fait cela*, et non pas : *C'est moi qui* est, *c'est toi qui* a fait.

Exercice 213. *Mettez le verbe à la personne et au nombre convenables.*

C'est moi qui (*être* au *prés. de l'ind.*) le premier, et c'est toi qui (*être* au *prés. de l'ind.*) le second. — Il n'y a ici que vous qui (*se permettre* au *prés. du subjonctif*) de faire du bruit. — C'est ton frère et moi qui (*trouver* au *passé indéfini*) ce nid de fauvette. — On aperçut quatre hommes qui (*porter* à *l'imparfait de l'ind.*) des fusils. — Qui a fait ce joli dessin ? C'est moi qui le (*faire* au *passé indéfini*). C'est toi qui (*troubler* au *passé défini*) l'ordre, c'est toi qui (*être* au *futur*) puni. — C'est toi qui (*troubler* au *passé indéfini*) l'ordre, c'est moi qui (*être* au *futur*) puni ! — On n'a trouvé que nous qui (*être* à *l'imparf. du subjonctif*) capables de chanter ce chœur.

---

230. — *Qui*, précédé d'une préposition, ne peut se dire que des personnes ou des choses personnifiées, comme dans ces exemples : *L'enfant* à qui *tout cède est le plus malheureux. Rochers* à qui *je me plains.* Mais il faut dire : *Les sciences* auxquelles *je m'applique*, et non pas *les sciences* à qui.

231. — Ne dites pas : *C'est* à vous à qui *je parle, c'est* de vous dont *il s'agit ;* dites : *C'est* à vous que *je parle, c'est* de vous qu'*il* s'agit. Le verbe ayant déjà pour complément indirect *à vous* ou *de vous*, ne doit pas en avoir un second, *à qui* ou *dont*.

Remarque. On dira très-bien : *C'est* vous à qui *je parle, c'est* vous dont *il s'agit* : ici, en effet, il n'y a qu'un complément indirect *à qui* ou *dont*.

Exercice 214. *Appliquez les règles précédentes.*

C'est en vous (*que* ou *en qui*) nous trouverons un protecteur. — Quelles sont les études pour (*qui* ou *lesquelles*) vous avez le plus de goût ? — C'est à moi (*que* ou *à qui*) ils se sont adressés. — C'est à leur maître (*que* ou *à qui*) ces enfants doivent leur instruction. — Le cheval sur (*qui* ou *lequel*) vous êtes monté, vous appartient-il ? — C'est de moi (*dont* ou *que*) vous parlez ; c'est de moi (*dont* ou *que*) il s'agit. — L'amour-propre n'est pas un guide (*à qui* ou *auquel*) nous puissions nous fier. — C'est en Angleterre (*que* ou *où*) l'on fabrique les meilleurs couteaux. — La terre (*d'où* ou *de qui*) nous tirons notre nourriture, ne produit que pour celui qui travaille. — C'est de toi (*dont* ou *que*) il est question.

---

232. — Avec les verbes *descendre*, *sortir* on emploie *d'où* lorsqu'on veut exprimer l'action de descendre ou de sortir d'un lieu : *Le mur* d'où *il descend; la chambre* d'où *nous sortons*. Mais on emploie *dont* pour exprimer l'idée d'*être né*, d'*être issu;* exemples : *Les héros* dont *elle descend; la famille* dont *elle sort est honorable.*

Exercice 215. *Remplacez les points par* dont *ou* d'où, *suivant le sens.*

Vénus remonta dans un nuage d'or ... elle était descendue. — Le Tasse naquit à Sorrento. La maison ... il sortait était une des plus illustres d'Italie. — Comment avez-vous pu entrer dans cette île ... vous sortez ? — Rome accrut beaucoup ses forces par son union avec les Sabins, peuple dur et belliqueux comme les Lacédémoniens ... ils étaient descendus.

Pronoms indéfinis.

233. — Le pronom *on* est ordinairement du masculin singulier; mais quand il désigne nécessairement une femme, l'adjectif qui s'y rapporte se met au féminin. Exemple : On *n'est pas plus* douce *que cette dame.*

234. — Remarque. Entre le pronom *on* et le verbe *être*, ou tout autre verbe commençant par une voyelle, il ne faut pas omettre la négation *ne*, si la phrase doit être négative. Il faut écrire : *On* n'est *pas toujours heureux*, avec la négation, et *on* est *souvent trompé*, sans la négation. Pour reconnaître s'il faut ou non la négation *ne*, il suffit de remplacer *on* par un autre pronom, par exemple : Je ne *suis pas toujours heureux*, il est *souvent trompé.*

235. — Le pronom indéfini **personne** est du masculin singulier; on dit : *Je ne connais* personne *d'aussi* **heureux** *que cette femme* (Acad.). Mais *personne* employé comme nom est du féminin . **Cette** personne *est très*-**heureuse.**

Exercice 216. *Copiez en faisant les corrections nécessaires.*

On est *heureux* quand on est mère et que l'on est *chéri* de ses enfants. — Selon vous on est *coupable,* dès que l'on est *accusé*. — On doit être *soumis* à son mari. — A votre âge, ma fille, on est bien *curieux*. — *On a* jamais pu apprivoiser l'hirondelle. — Quand les canons ont tiré de suite une vingtaine de coups, *on y* peut appliquer la main, tellement ils sont chauds. — *On est* point des esclaves pour essuyer de si mauvais traitements. — Personne n'est assez *insensé* pour se croire sans défauts. — C'est une personne fort *gai*. — Je ne connais personne d'aussi *vain* que ces deux demoiselles. — Personne ne peut-*il* me dire ce que mon livre est devenu ?

---

236. — Le pronom **chacun** veut après lui l'adjectif possessif *son, sa, ses*, ou bien l'adjectif *leur*.

Il veut *son, sa, ses :* 1° Lorsqu'il est sujet de la proposition ; exemples : Chacun *des chefs commande à ses troupes*.

2° Dans les phrases où le verbe est accompagné d'un complément direct et où *chacun* suit ce complément ; exemples : *Il faut remettre ces livres-là* chacun *à sa place* (Acad.).

Mais on emploie *leur* au lieu de *son, sa, ses*, lorsque *chacun* précède le complément direct ; exemple : *Ils ont apporté* chacun leur *offrande* (Acad.).

Exercice 217. *Appliquez les règles précédentes*

Chacun a fait (*son* ou *leur*) devoir. — Ils ont payé chacun (*son* ou *leur*) écot. — Les deux rois faisaient chanter des *Te Deum*, chacun dans (*son* ou *leur*) camp. — Les langues ont chacune (*ses* ou *leurs*) bizarreries. — Ils apportèrent des offrandes au temple, chacun selon (*ses* ou *leurs*) moyens.

---

237. — **L'un l'autre, les uns les autres, l'un à l'autre**, etc., expriment la réciprocité : *Pierre et Paul se soutenaient* **l'un l'autre** (l'un soutenait l'autre) ; *ils ne se nuisaient pas* **l'un à l'autre**, (l'un ne nuisait pas à l'autre).

238. — **L'un et l'autre, les uns et les autres**, n'expriment point la réciprocité, mais seulement l'idée de deux ou de plusieurs personnes, de deux ou de plusieurs choses. Exemple : *Pierre et Paul sont sortis* **l'un et l'autre.**

Exercice 218. *Remplacez les points par* l'un l'autre, l'un à l'autre, *etc.*, *ou* l'un et l'autre, *etc.*, *suivant le sens.* — *Nota.* Le chiffre 2 à la suite des points indique que l'on parle de deux personnes seulement.

Les hommes sont faits pour se secourir ... — Ils sont morts ... 2. — ... sont partis. — Ils se succédaient ... — Ils se haïssent ... 2, et se nuisent ... 2. — En ce monde, il se faut ... 2 secourir.

CHAPITRE V

LE VERBE

Nombre du verbe après un nom collectif ou un adverbe de quantité.

239. — On appelle noms *collectifs*, ceux qui expriment une *collection*, c'est-à-dire une réunion de personnes ou de choses, comme *la foule, une troupe, une multitude.*

Le collectif est *général*, lorsqu'il exprime la collection entière ; il est alors ordinairement précédé de l'article *le, la, les.* **Exemples :** La foule *des humains ;* la multitude *des étoiles.*

Le collectif est *partitif*, lorsqu'il n'exprime qu'une partie de la collection ; il est alors ordinairement précédé de *un, une.* Exemples : Une foule *d'hommes ;* une multitude *d'étoiles.*

240. — Règles. I. Le verbe ayant pour sujet un nom collectif *général* s'accorde avec ce collectif : *La* foule *des humains* est *sous la puissance de Dieu.*

II. Mais si le sujet est un collectif *partitif*, le verbe s'accorde avec le complément de ce collectif et non avec le collectif lui-même. Ex. : Une foule *d'hommes* **manquent** *d'instruction* (1).

241. — Avec les adverbes de quantité, les locutions *bien des, la plupart des, la plus grande partie des,* on suit cette dernière règle : Beaucoup *d'hommes* sont *dans l'erreur ;* bien des *gens n'ont pas* assez de charité ; la plupart des *enfants* sont *légers.*

Remarque. Le verbe s'accorde avec le complément de ces locutions, même lorsque ce complément est sous-entendu. Exemple : La plupart sont *légers*, c'est-à-dire *la plupart des enfants.*

Exercice 219. *Mettez les verbes aux temps indiqués.*

La foule des affaires l' (*accabler*, au *prés. de l'ind.*). — Une foule de gens vous (*dire*, au *futur*) qu'il n'en est rien. — Une

(1) Ces règles admettent des exceptions qui, par leur nature métaphysique, ne seraient point à leur place dans une grammaire élémentaire. On les trouvera dans notre *Grammaire et compléments.*

infinité de gens (*croire*, au *passé défini*) cette nouvelle. — L'infinité des perfections de Dieu (*confondre*, au *prés. de l'ind.*) l'imagination. — La multitude des lois dans un État (*être*, au *prés. de l'ind.*) un signe de faiblesse. — Une multitude de passions (*diviser*, au *prés. de l'ind.*) les hommes oisifs. — La plupart des fruits destinés à la nourriture de l'homme (*flatter*, au *prés. de l'ind.*) sa vue et son odorat. — Beaucoup de gens (*penser*, au *prés. de l'ind.*) ainsi. — La plus grande partie des voyageurs (*s'accorder*, au *prés. de l'ind.*) à dire que cette contrée est déserte.

Compléments du verbe.

242. — Plusieurs verbes peuvent avoir un complément commun, pourvu que ces verbes n'exigent pas un complément de nature différente. Ainsi l'on dira bien : *Ce général* attaqua *et* prit **la ville,** parce que les verbes *attaqua* et *prit* peuvent avoir l'un et l'autre pour complément direct *la ville.*

243. — **Mais si les verbes exigent des compléments de nature différente, il faudra donner à chacun d'eux le complément qui lui convient. Ainsi l'on ne dira pas** : *Ce général* attaqua *et* s'empara **de la ville,** parce que le verbe *attaqua* ne peut avoir pour complément *de la ville*; il faudra dire : *Ce général* attaqua **la ville** *et* **s'en** empara.

On dira de même : *On le voit tous les jours aller* à la *campagne et* en *revenir*, et non pas : *On le voit tous les jours aller et revenir* de la campagne.

244. **Remarque.** Cette règle s'applique aussi aux adjectifs et aux prépositions. On ne dira donc pas : *Il est* utile *et* chéri de sa *famille*, parce que l'adjectif *utile* ne peut avoir pour complément *de sa famille;* on ne dira pas non plus : *Il a parlé* contre *et* en faveur **de mon projet,** parce que *de mon projet* ne peut être régi par la préposition *contre.* Il faudra dire : *Il est* utile **à sa famille** *et* **en** *est* chéri, ou bien : *Il est* utile *et* cher **à sa famille**; *il a parlé* pour *et* contre **mon projet.**

245. — C'est une faute grossière de donner aux verbes des compléments qu'ils ne comportent pas. Ainsi ce serait une tournure barbare que de dire : *Je ne* pardonne pas **les gens** *qui se* nuisent **les uns les autres** ; *non, je ne les pardonne pas*, car on pardonne *aux* personnes, et non pas *les* personnes; et quand les gens se nuisent **réciproquement, les uns nuisent** *aux* **autres; il faudra donc dire :**

Je ne pardonne pas **aux** *gens qui se nuisent les uns* aux *autres; non, je ne* leur *pardonne pas.*

Exercice 220. *Corrigez les phrases incorrectes.*

Les Romains perdirent la bataille d'Allia contre les Gaulois, qui *investirent* et se *rendirent maîtres* de Rome. — Le genre humain, instruit par l'expérience, *inventa* ou *perfectionna* les arts. — Je *vais* et je *reviens* de Versailles en quatre heures. — Le souverain Créateur *préside* et *règle* le mouvement des astres. — Plus de mille navires *entrent* et *sortent* tous les ans de ce port. — Cet homme est très-*utile* et très-*estimé* de ses concitoyens. — Ils se succédaient *les uns les autres.* — On pardonne difficilement *ceux* qui ont tort, et plus difficilement *ceux* qui ont trop raison. — Tout le monde se confiait *l'un l'autre* cette nouvelle.

Emploi des temps.

246. — On ne doit se servir du **passé défini** que quand il s'agit d'un temps complétement écoulé et dont il ne reste plus rien, comme ***j'étudiai*** *hier, la semaine dernière, l'an passé.* Mais ne dites pas : ***J'étudiai*** *aujourd'hui, cette semaine, cette année,* parce que le jour, la semaine, l'année, ne sont pas encore passés; dites avec le *passé indéfini :* ***J'ai étudié*** *aujourd'hui, cette semaine, cette année.*

Ne dites pas non plus, ***j'étudiai*** *ce matin,* mais ***j'ai étudié*** *ce matin;* il faut, pour l'emploi du passé défini, qu'il y ait au moins l'intervalle d'un jour.

247. — Le *passé indéfini* s'emploie indifféremment pour un temps passé entièrement écoulé ou non. On dit également bien : J'ai étudié *ce matin*, j'ai étudié *hier*, j'ai étudié *cette semaine*, j'ai étudié *la semaine dernière.*

Exercice 221. *Mettez le verbe au passé défini ou au passé indéfini, selon que le sens exige l'un ou l'autre de ces temps.*

Je (*passer*) presque tout ce mois-ci à la campagne. — Il (*aller*) hier se promener dans le bois ; il (*avoir*) la fièvre ce matin. — Tu (*venir*), il n'y a qu'un instant, me demander si je voulais te permettre de t'en aller ; je te (*répondre*) que non. — Il (*faire*) cette semaine un très-grand froid, il (*pleuvoir*) aujourd'hui toute la journée. — Je (*recevoir*) ce matin une lettre de mon père. — Avant-hier nous (*voir*) passer un régiment de cavalerie ; ce matin nous (*voir*) un régiment d'artillerie. — On est très-content de ces enfants : ils (*faire*) cette année de grands progrès dans leurs études ; ils (*obtenir*) le mois dernier les premières places dans toutes les compositions.

---

248. — Dans les verbes conjugués interrogativement, il faut bien se garder de confondre le futur de l'indicatif avec le conditionnel présent, et d'écrire, par exemple : **Aurais**-je fini *avant lui ?* au lieu de **aurai**-je fini ? ou encore : **Aurai**-je fait *quelque sottise ?* pour **aurais**-je fait ?

On doit mettre le verbe au conditionnel, 1° quand la phrase renferme une condition : **Aurais**-je fait *cela, si vous ne me l'eussiez commandé ?* 2° lorsque l'on regarde la chose comme n'étant pas possible, ou que l'on serait étonné, que l'on ignorait qu'elle fût ; exemples : **Pourrais**-je *ne pas l'aimer ?* c'est-à-dire, *il est impossible* que je ne l'aime pas : **Aurais**-je *fait quelque sottise sans le savoir ?*

Du reste, il n'y a qu'à mettre le verbe à une autre personne, par exemple à la première du pluriel, pour voir si ce verbe doit être au futur ou au conditionnel. Ainsi l'on écrira au futur : **Aurai**-*je fini avant lui?* car au pluriel on dirait, **aurons**-nous fini ? Et l'on écrira au conditionnel : **Aurais**-*je fait quelque sottise?* car au pluriel on dirait, **aurions**-nous fait ? *est-ce que nous* **aurions** fait ?

Exercice 222. *Mettez le verbe au futur ou au conditionnel présent, suivant le sens.*

(*Avoir*)-je fini avant la nuit ? — (*Avoir*)-je dit quelque chose de blessant pour vous ? — Si je n'avais pas absolument besoin de vos conseils, (*venir*)-je vous les demander ? — A quelle heure (*venir*)-je vous prendre ? — Que (*faire*)-je après cela ? — Si vous me donniez une chose qui ne dût être pour moi d'aucune utilité, qu'en (*faire*)-je ? — (*Pouvoir*)-je ne pas aimer une personne à qui je dois la vie ? — Quand (*pouvoir*)-je le voir ?

Emploi du mode subjonctif.

249. — Le subjonctif est le mode des faits incertains et douteux, et dépend, comme nous l'avons dit (page 35), d'un autre verbe exprimé ou sous-entendu. On emploie ce mode :

1° Après les verbes qui expriment le doute, l'incertitude, l'interrogation, le désir, la volonté, la supposition, la surprise, la crainte, etc. Exemples :

Je doute Pensez-vous Croyez-vous Je désire Je prétends	qu'il parte.	Je veux J'ordonne Supposez Je suis étonné	qu'il parte.
		Je crains qu'il ne parte.	

Remarque. Après quelques-uns de ces verbes on met l'indicatif au lieu du subjonctif, lorsque la chose dont il s'agit n'est pas douteuse, mais certaine, incontestable. Exemple : *Je prétends que trois et deux* **font** *cinq.*

2° On emploie le subjonctif après les verbes accompagnés d'une négation, lorsqu'il y a doute, incertitude. Exemples : *Je* ne crois pas, *je* ne pense pas, *je* ne vois pas *qu'il* **parte**.

Mais s'il n'y a point de doute ni d'incertitude sur la réalité de la chose, on met l'indicatif. Exemples : *Je* n'ignore pas *qu'il* **a voulu** *me nuire* (Acad.). *Qui* ne voit *que l'esprit de séduction* **s'est saisi** *de leur cœur?* (Bossuet.)

Exercice 223. *Mettez le verbe au mode convenable et au temps* présent, *à moins qu'un autre temps ne soit indiqué.*

J'entends que vous lui (*obéir*). — Au son de sa voix j'entends que ce (*être*) votre frère. — Je prétends que cela ne (*être*) pas vrai. — Il est naturel à l'homme de prétendre que sa volonté (*faire*) loi. — Il ne pense pas que personne (*vouloir*) lui dresser des piéges. — Il n'est pas certain que vous (*être*) mon ami. — Je ne m'aperçus pas que je (*parler*, à *l'imparf.*) à lui. — Obéis, si tu veux qu'on t'(*obéir*) un jour. — Supposons qu'il (*réussir*), que fera-t-il ensuite? — Je suppose qu'il (*être*) honnête homme. (*Nota*. Dans cette phrase *je suppose* a le sens de *je crois, je présume*.)

---

250. — 3° On emploie aussi le subjonctif après les impersonnels *il faut, il est nécessaire, il convient, il importe, il est possible,* et en général après tous ceux qui expriment quelque chose de douteux, d'incertain. Exemples :

Il faut Il est nécessaire Il convient Il importe	qu'il parte.	Il est possible Il est douteux Il semble	qu'il parte.

Mais on dira avec l'indicatif : Il est certain *qu'il* **fait** *jour;* il résulte *de là,* il s'ensuit *que l'affaire* **est** *bonne;* il est évident *que* *deux et deux* **font** *quatre ; il y a vingt ans que je le* **connais ;** parce que toutes ces choses sont certaines et ne présentent aucun doute.

4° Enfin on l'emploie après les expressions *qui que*, *quoi que*, *quelque que*, etc. ; et après plusieurs conjonctions ou locutions conjonctives, entre autres *afin que*, *à moins que*, *avant que*, *quoique*, etc. Exemples : Qui que *ce* **soit**, quoi que *vous* **disiez**, quelque *puissant* qu'*il* **soit**, à moins que *vous ne* **veniez**, avant qu'*il* **vienne**, quoique *le temps* **soit** mauvais.

Exercice 224. *Comme le précédent.*

Il faut que je (*faire*) mon devoir. — Qui que ce (*est*) qui vous l'ait dit, il vous a trompé. — Il suffit que cela (*être*) juste. — Il est certain que vous (*être*) mon ami. — Quoiqu'il (*être*) pauvre, il est honnête homme. — Il arrive souvent qu'on (*prendre*) mal ses précautions. — Il importe que je (*aller*) le voir. — Il est évident que vous vous (*tromper*). — Rentrez ces fleurs avant qu'il (*faire*) froid. — Quelque effort que (*faire*) les hommes, leur néant paraît partout. — Quoi que vous (*dire*), je ne vous crois pas. — Il n'en fera rien, à moins que vous ne lui (*parler*).

Emploi des temps du subjonctif.

251. — Remarque. Quoi qu'en disent la plupart des grammairiens, tous les temps du subjonctif peuvent s'employer, quel que soit le temps ou le mode du premier verbe ; c'est ce qui est pleinement démontré par le bon usage et par une multitude d'exemples pris dans nos meilleurs écrivains. Pour l'emploi des temps du subjonctif, on ne peut donc pas se guider sur le temps du verbe précédent : il faut voir d'abord si l'on veut exprimer un présent, un passé ou un futur ; puis on doit observer la correspondance des temps du subjonctif avec ceux de l'indicatif et du conditionnel. La seule règle à suivre est alors celle-ci :

252. — Voyez à quel temps de l'indicatif ou du conditionnel vous mettriez le second verbe, si la phrase exigeait l'indicatif ou le conditionnel, et mettez le temps correspondant du mode subjonctif.

253. — Voici la correspondance des temps du subjonctif avec ceux de l'indicatif et du conditionnel :

SUBJONCTIF.	INDICATIF *et* CONDITIONNEL.
Le *présent* correspond.........	au *présent* de l'indicatif.
	au *futur* de l'indicatif.

L'*imparfait* du subj. correspond	à l'*imparfait* de l'indicatif. au CONDITIONNEL *présent*.
Le *passé* du subj. correspond...	au *passé défini*. au *passé indéfini*. au *futur antérieur*.
Le *plus-que-parfait* correspond.	au *plus-que-parfait* de l'indicatif. au CONDITIONNEL *passé*.

Ainsi l'on dira :

AU SUBJONCTIF : parce que l'on dirait { A L'INDICATIF ou AU CONDITIONNEL.

Présent. Je ne crois pas qu'il *vienne* maintenant.	*Indic. présent*. Je crois qu'il *vient* maintenant.
Je ne crois pas qu'il *vienne* demain.	*Futur*. Je crois qu'il *viendra* demain.
Il faudra qu'il *vienne*.	Il *viendra*, il le faut.
Imparfait. Je ne crois pas qu'il *vînt* tous les jours, comme vous le prétendez.	*Imparfait*. Je crois qu'il *venait* tous les jours, comme vous le prétendez.
Je ne crois pas qu'il *osât* venir, si on le lui défendait.	*Condit. présent*. Je crois qu'il n'*oserait* pas venir, si, etc.
Passé. Je ne crois pas qu'il *soit venu* hier soir.	*Passé défini*. Je crois qu'il *vint* hier soir. *Passé indéfini*. Je crois qu'il *est venu* hier soir.
Passé. Vous m'appellerez, mais d'abord il faut, il faudra qu'il *soit venu*.	*Futur antérieur*. Vous m'appellerez quand il *sera venu*.
Plus-que-parfait. Je ne croyais pas qu'il *fût venu* tous les jours, comme vous l'assuriez.	*Plus-que-parfait*. Je croyais qu'il *était venu* tous les jours, comme vous l'assuriez.
Je ne crois pas qu'il *fût venu* plus tôt, même sans cette affaire qui l'a retenu.	*Condit. passé*. Je crois qu'il *serait venu* plus tôt, sans cette affaire qui l'a retenu.

Exercice 225. *Enlevez la négation qui accompagne le premier verbe, et remplacez le second verbe, qui est au subjonctif, par le temps correspondant de l'indicatif ou du conditionnel*

Je *ne* crois *pas* qu'il *vienne* demain. — Je *ne* crois *pas* qu'il *soit* maintenant chez lui. — Je *ne* crois *pas* qu'il *ait reçu* hier ma lettre. — Je *ne* crois *pas* qu'il *ait reçu* ma lettre ce matin. — Je *ne* croyais *pas* qu'il *sortît* tous les jours après son dîner. — Je *ne* croyais *pas* qu'il *hésitât* à se mettre en route par un aussi mauvais temps. — Je *ne* croyais *pas* que vous *eussiez fini* avant moi. — Je *ne* crois *pas* qu'il *eût pu* terminer cette affaire sans votre secours. — Je *ne* crois *pas* qu'il *ait fini* avant la nuit.

Exercice 226. *Mettez au mode subjonctif et aux temps indiqués les verbes qui sont entre parenthèses.*

AU PRÉSENT. Ne *pensez* pas que je (*dire*) cela pour vous contrarier. — Les Romains de ce siècle n'*ont* pas *eu* un seul poëte qui (*valoir*) la peine d'être cité. — Je ne *disconviendrai* pas qu'avec toutes ses perfections on ne (*pouvoir*) faire quelques objections à Sophocle. — Qui *pourrait* douter qu'il (*être*) homme de bien? — Vous ne *croyez* pas que je (*pouvoir*) résister à cette douleur?

A L'IMPARFAIT. *Crois*-tu que je ne (*connaître*) pas à fond tous les sentiments de mon père? Je ne *crois* pas que vous me (*juger*) sans m'entendre. — Ils *voulurent* que tout leur (*céder*). — Je ne *savais* pas qu'il (*être*) malade. — Je ne *nierai* pas cependant qu'il ne (*être*) homme de très-grand mérite. — Encore *faudrait*-il que les discours que l'on fait tenir à Annibal (*être*) sensés.

Exercice 227. *Suite du précédent.*

AU PASSÉ. *Crois*-tu que dans son cœur il (*jurer*) sa mort? — Si vous *attendez* que Philoclès (*conquérir*) l'île de Carpathie, il ne sera plus temps d'arrêter ses desseins. — Je n'*ai* jamais *trouvé* personne qui me (*aimer*) assez pour vouloir me déplaire en me disant la vérité tout entière. — Je *douterai* toujours que vous (*faire*) tous vos efforts. — Qui *pourrait* croire qu'un citoyen romain, que Crassus (*avoir*) plus de sept mille talents de bien?

AU PLUS-QUE-PARFAIT. Ce n'*est* pas que je (*faire*) mieux que vous. — Métellus n'apprit qu'avec un grand chagrin qu'on lui (*donner*) un successeur. — Je ne *croirai* jamais qu'il (*recevoir*) ma lettre longtemps avant votre départ. — Je *douterai* toujours que sans mes recommandations vous (*réussir*). — Je *voudrais* seulement qu'on vous le (*faire*) connaître. — Il (*semblait*) que nous (*devoir*) nous rendre de Pergame à Adramytti.

---

254. — Les exemples ci-dessus prouvent que tous les temps du subjonctif peuvent se mettre après un verbe au présent de l'indicatif. Il en serait de même après un verbe au passé, au futur ou au conditionnel (1). Voici toutefois deux remarques importantes :

(1) Pour ne citer que quelques exemples, on dit après un *passé* : *Je* n'ai pu *encore aller à Livry, quelque envie que j'en* aie (Madame de Sévigné). *Ils*

255. — REMARQUES. I. Après un conditionnel optatif, c'est-à-dire exprimant un désir, un vœu, il faut mettre l'imparfait et non le présent du subjonctif. Dites : *Je voudrais qu'ils* **vinssent**, et non *Je voudrais qu'ils* viennent. *Je désirerais qu'il* **apportât** *plus de soin à cette affaire*, et non *Je désirerais qu'il* apporte. *Il* faudrait *que les enfants* **écoutassent** *les grandes personnes.*

II. Après un passé on met l'imparfait ou tout autre temps passé du subjonctif, suivant le cas, lorsqu'on parle d'une chose passée. Exemple : *Dieu* a permis *que les Romains* **soumissent** *la Judée ; il* a voulu *qu'elle* **fût soumise** *avant l'arrivée du Christ.*

256. — Mais si l'on veut exprimer une chose présente, future ou vraie dans tous les temps, on met le second verbe au présent du subjonctif. Exemples : *Je n'ai* pu *sortir encore, quelque envie que j'en* **aie** (actuellement). *J'ai* douté *qu'il* **vienne** *demain, je n'en doute plus. Dieu* a voulu *que la terre* **produise** *tous les ans des moissons.*

Exercice 228. *Mettez le verbe au temps convenable du subjonctif.*

Il serait bon qu'on (*obéir*) aux lois. — J'aimerais que l'on (*travailler*) à former le cœur et l'esprit de la jeunesse. — Dieu a permis que des irruptions de Barbares (*renverser*) l'empire romain, qui s'était agrandi par toutes sortes d'injustices. — Dieu a voulu que les vérités divines (*entrer*) du cœur dans l'esprit, et non de l'esprit dans le cœur. — Il serait à souhaiter que tous les pères de famille (*suivre*) un pareil exemple.

CHAPITRE VI

LE PARTICIPE

I. Participe présent et adjectif verbal.

257. — Le participe en *ant* est *participe présent*, c'est-à-dire verbe, et, par conséquent, ne varie pas (154) :

voulurent *que tout leur* cédât (Bossuet). Après un *futur : Il* faudra *qu'il* vienne ; *je ne* croirai *jamais qu'ils* allassent *ainsi chaque jour*, etc. *Eh bien !* j'admettrai *qu'il* soit venu, etc. Après un *conditionnel* : Douteriez-*vous qu'ils* viennent *demain ? qu'ils* vinssent *s'ils le pouvaient ? qu'ils* soient venus *hier ? qu'ils* fussent venus *s'ils l'avaient pu ?*

1° Lorsqu'il est précédé de la préposition *en*. Exemples : *Elle est tombée* en **courant** ; *elles sont tombées* en **courant** ;

2° Lorsqu'il est accompagné d'un complément direct. Exemples : *Des enfants* **caressant** leur mère (*leur mère*, complément direct de *caressant*). *C'est une excellente personne*, **obligeant** tout le monde *quand elle peut* (*tout le monde*, complément direct d'*obligeant*) ;

3° Lorsqu'il exprime une action et qu'il peut être remplacé par un autre temps du verbe. Exemples : *Je les ai vues* **courant** *vers le jardin* ; on peut dire : Je les ai vues, *elles couraient* vers le jardin.

233. — Le participe en *ant* est *adjectif verbal*, et dès lors il s'accorde avec le nom ou le pronom auquel il se rapporte :

1° Lorsqu'il est construit avec le verbe *être*. Exemples : *Cette personne* est **obligeante** ; *ces personnes* sont **obligeantes** ;

2° Lorsqu'il peut être construit avec le verbe *être*. Exemples : *Ce sont des personnes* **obligeantes** ; on peut dire : Ce sont des personnes qui *sont obligeantes*.

Remarque. Les participes présents *ayant* et *étant* sont toujours invariables.

Exercice 229. *Faites varier ou non les mots entre parenthèses, suivant qu'ils sont adjectifs verbaux ou participes présents.*

Ces questions sont extrêmement (*embarrassant*). — Mes questions les (*embarrassant*), elles n'y firent aucune réponse (*satisfaisant*). — Ils ne peuvent espérer de tranquillité qu'en (*satisfaisant*) aux exigences de la loi. — Mes enfants, en (*obéissant*) à vos parents vous vous ferez aimer et estimer. — — Les enfants doivent être (*obéissant*). — Les malheureux naufragés, (*souffrant*) la faim et la soif, avaient perdu tout espoir. — Les malades étaient encore un peu (*souffrant*). — Ce sont des personnes fort (*obligeant*). — La loi (*obligeant*) tous les citoyens les protége également tous. — Cette viande contient des sucs bien (*nourrissant*). — La géographie et la chronologie (*étant*) les deux yeux de l'histoire, pour bien étudier celle-ci, il faut être guidé par celle-là.

Exercice 230. *Suite du précédent.*

Examinez ces enfants (*apprenant*) leurs fables. — Les bagages sont (*embarrassant*) dans une marche. — Cette réflexion (*embarrassant*) notre homme, « On ne dort point, dit-il, quand on a tant d'esprit. » — Ils se sont blessés en (*jouant*). — Bénie soit la jeune fille (*obéissant*). — Voyez ces enfants (*obéissant*) à l'envi à leur mère et (*volant*) au-devant de ses désirs. — Le peuple était épuisé par des impôts toujours (*croissant*). — J'ai vu ces personnes (*souffrant*) cruellement de leurs blessures. — J'ai vu plusieurs personnes (*souffrant*) et résignées. — Cent hommes sont (*suffisant*) pour défendre ce poste. — La mémoire de la création allait s'(*affaiblissant*) peu à peu. — Accompagnée d'une troupe de nymphes (*courant*) dans la plaine, elle mourut d'une blessure qu'un serpent lui fit au talon. — Les eaux (*courant*) ne sont pas toujours limpides. — Rarement, après plusieurs générations, des hommes hors de leur pays conservent leur premier langage, même (*ayant*) des travaux communs et (*vivant*) entre eux en société. — Il a dix enfants tous (*vivant*).

II. Participe passé.

259. — Le *participe passé* s'emploie sans auxiliaire, ou bien il est construit avec l'auxiliaire *être* ou avec l'auxiliaire *avoir*.

1er CAS : PARTICIPE PASSÉ EMPLOYÉ SANS AUXILIAIRE OU CONSTRUIT AVEC L'AUXILIAIRE ÊTRE.

260. — Le participe passé employé sans auxiliaire, ou construit avec l'auxiliaire *être*, s'accorde en genre et en nombre avec le nom ou le pronom auquel il se rapporte. Exemples :

Sans auxiliaire.	Avec l'auxiliaire ÊTRE.
Un enfant PUNI.	*Cet enfant* est PUNI.
Des enfants PUNIS.	*Ces enfants* sont PUNIS.
Une robe DÉCHIRÉE.	*Cette robe* était DÉCHIRÉE.
Des robes DÉCHIRÉES.	*Ces robes* avaient été DÉCHIRÉES.

261. — REMARQUE. Le participe passé avec ou sans l'auxiliaire *être* s'accorde avec son sujet, même lorsque ce sujet est placé après lui. EX. : *Voici la place où* fut construite la cabane *des naufragés.*

Exercice 231. *Appliquez la règle.*

Tous les corps sont (*attiré*) par la terre ; ainsi une pierre ne tombe que parce qu'elle est (*attiré*) par la terre. — Votre demande a été (*rejeté*). — Mes frères sont (*sorti*) pour aller à la chasse ; mes sœurs sont (*occupé*) à broder. — Ils sont (*uni*) par l'amitié la plus vive. — Votre sœur est (*revenu*) bien (*fatigué*) et bien (*puni*) de sa curiosité. — Comment se fait-il, mesdames, que vous ne soyez pas (*venu*) nous voir ? — Elles sont encore tout (*ému*) de cet accident. — La foudre est (*tombé*) sur le clocher ; deux jeunes gens, qui avaient *eu* l'imprudence de sonner les cloches pendant l'orage, ont été (*tué*). — La diligence a versé, plusieurs personnes ont été (*blessé*). — C'est de là que sont (*venu*) tous nos maux. — (*Étonné*) de ne pas vous trouver ici, votre tante est (*reparti*).

Exercice 232. *Suite du précédent.*

Nos amis sont (*arrivé*) de Paris ; ils sont encore (*couché*) ; ils ont été bien (*fatigué*) de leur voyage. — Les nuages ne sont (*composé*) que d'eau presque (*réduit*) en vapeur. — L'imprimerie et la poudre à canon n'étaient pas (*connu*) des anciens ; l'imprimerie a été (*inventé*) il y a environ 400 ans. — La bière est (*fait*) avec de l'orge et du houblon. — Les cuirs sont (*fait*) avec des peaux de bœufs ou de vaches. — Montrez-nous le lieu où fut (*livré*) cette bataille. — Monsieur le maire est (*venu*) demander ce que sont (*devenu*) les trois personnes inconnues qui étaient (*arrivé*) hier soir par la diligence. — Ainsi furent (*anéanti*) toutes ses espérances. — Les plates-bandes étaient (*émaillé*) de fleurs, toutes les fleurs ont été (*cueilli*) ; les arbres étaient (*couvert*) de fruits, les fruits ont été (*enlevé*) : on voit bien que des malfaiteurs ont passé par là.

Exercice 233. *Suite du précédent.*

La guerre fut (*résolu*) et toute l'Italie fut (*ébranlé*). — (*Attendu*) depuis deux jours, ma sœur n'est (*arrivé*) que ce matin. — D'où sont (*arrivé*) toutes ces personnes ? — Ces jours ont vu mes yeux (*baigné*) de quelques larmes. — On ignore où était (*situé*) l'île Ogygie, (*habité*), suivant Homère, par la nymphe Calypso. — L'Étrurie fut (*compris*) dans les proscriptions de Sylla. — Les casques sont (*brisé*), les panaches (*abattu*), les boucliers (*fendu*), les cuirasses (*percé*). — C'est au tribunal de Dieu que seront (*jugé*) tous les hommes. — Les méchants ont bien de la peine à demeurer (*uni*). — Les anciens Grecs étaient généralement (*persuadé*) que l'âme est immortelle. — Qu'est (*devenu*) mon livre ? Que sont (*devenu*) mes cahiers ? — Cette rivière, (*porté*) sur des murs (*élevé*), rencontre enfin une brèche (*chargé*) de vignes sauvages ; elle tombe alors en cascades. — Vivement (*poursuivi*) et enfin (*atteint*) par la gendarmerie, ces bandits ont été (*livré*) à la justice.

2° CAS : PARTICIPE PASSÉ CONSTRUIT AVEC L'AUXILIAIRE AVOIR.

Il y a deux règles.

262. — PREMIÈRE RÈGLE. Le *participe passé* construit avec *avoir* ne varie point, si son complément direct est placé après le participe. Exemples :

Mon père A ÉCRIT deux lettres. *Ma mère* A ÉCRIT deux lettres.
Mes frères ONT ÉCRIT deux lettres. *Mes sœurs* ONT ÉCRIT deux lettres.

Le participe *écrit* ne varie point, parce que le complément direct *deux lettres* est placé après ce participe.

263. — SECONDE RÈGLE. Le *participe passé* construit avec *avoir* s'accorde avec son complément direct, lorsque ce complément le précède. Exemples :

La lettre que *vous* avez ÉCRITE.

Le participe *écrite* s'accorde avec son complément direct *que*, mis pour *laquelle lettre*, parce que ce complément est placé avant le participe.

Les lettres que *vous* avez ÉCRITES.

Le participe *écrites* s'accorde avec son complément direct *que*, mis pour *lesquelles lettres*, parce que ce complément le précède.

264. — Par la même raison, le participe passé s'accorde avec son complément direct dans les phrases suivantes : *La lettre que vous* avez APPORTÉE, *je* l'ai LUE. *Les livres* que *j'*avais PRÊTÉS, *on me* les a RENDUS. *Quelle* affaire *avez-vous* entreprise ? *Combien d'*ennemis *n'a-t-il pas* VAINCUS !

Exercice 234. *Appliquez les règles.*

Je vous ai (*rendu*) tous les services que vous m'avez (*demandé*). — Tous les objets que tu m'avais (*prêté*), je te les ai (*rendu*). — Ces messieurs n'ont (*eu*) honte de leur faute que quand ils ont (*vu*) qu'ils en étaient (*puni*). — La lune est (*éclairé*) par le soleil : sa lumière ne lui appartient pas ; elle nous renvoie celle qu'elle a (*reçu*) du soleil. — Quelles questions vous a-t-il (*adressé*) ? — Les excellents légumes que vous avez (*mangé*), c'est moi qui les ai (*semé*) ; ils ont été (*cuit*) en peu de temps. — La mémoire des malheureux qu'on a (*soulagé*) donne un plaisir qui renaît sans cesse. — C'est des Tartares que sont (*sorti*) quelques-uns des peuples qui ont (*renversé*) l'empire romain. — Didon a (*fondé*) sur la côte d'Afrique la superbe ville de Carthage. — Le long usage des plaisirs les leur a (*rendu*) inutiles.

Exercice 235. *Suite du précédent.*

Des loups ont (*ravagé*) le pays ; ils ont (*enlevé*) plusieurs moutons ; ils ont (*mordu*) plusieurs personnes : on les a (*poursuivi*) et on les a (*tué*). — Combien de services ne m'ont-elles pas (*rendu*)? — Les pleurs amers que vos sœurs ont (*versé*) attestent leur grand chagrin ; elles sont bien (*fâché*) des fautes qu'elles ont (*commis*). — Quels livres avez-vous (*acheté*) ? Combien les avez-vous (*payé*) ? — Quels affronts, quels combats j'ai tantôt (*soutenu*) ! — Voici la lettre que je lui ai (*écrit*), et voici les deux mots qu'il m'a (*répondu*). — Ils se plaignent que vous les ayez (*insulté*) grossièrement. — Une Furie leur répétait avec insulte toutes les louanges que leurs flatteurs leur avaient (*donné*) pendant leur vie. — Mes plaintes ont déjà (*précédé*) vos murmures. — J'entrevois en vous des sentiments dangereux, je ne sais trop qui vous les a (*inspiré*).

Exercice 236. *Suite du précédent.*

Les meilleures harangues sont celles que le cœur a (*dicté*). — Il passa par des chemins qu'on avait toujours (*cru*) impraticables. — Ainsi que les Arcadiens, les Argiens ont (*négligé*) les sciences et (*cultivé*) les arts. — Les Perses, adorateurs du soleil, ne souffraient point les idoles ni les rois qu'on avait (*fait*) dieux. — Colbert eut à réparer les maux qu'avait (*causé*) le règne orageux de Louis XIII. — C'est la vérité elle-même qui leur a (*dicté*) ces belles paroles. — La mort de Mahomet II avait (*affranchi*) l'Italie de la terreur, mais elle avait (*laissé*) la Grèce dans les fers de Bajazet. — La solidité de la construction des pyramides et l'énormité de leur masse les ont (*garanti*) de toute atteinte. — Les Arabes, (*défendu*) par leur désert et par leur courage, n'ont jamais (*subi*) le joug étranger. — Quelle guerre intestine avons-nous (*allumé*) ? — J'ai (*vu*) la mort de près, et je l'ai (*vu*) horrible.

Applications particulières des deux règles du participe passé construit avec avoir.

265. — Participe passé des verbes intransitifs. Le participe passé des verbes intransitifs ou employés comme tels, lorsqu'il est construit avec *avoir*, ne varie jamais. Exemples : *Il* a **couru** ; *elle* a **couru**. *Ils* ont **parlé** *longtemps ; elles* ont **parlé** *longtemps*. *Il* a *beaucoup* **étudié** ; *elle* a *beaucoup* **étudié**.

REMARQUES. I. Certains verbes sont employés, tantôt comme verbes transitifs, tantôt comme verbes intransitifs.

Lorsqu'ils sont employés comme verbes transitifs, ils ont un complément direct, et leur participe passé suit les règles du participe construit avec *avoir*. Ainsi l'on écrira avec accord : *Cet homme* nous **a** *fidèlement* **servis**; c'est-à-dire, a servi *nous* (complément direct).

Mais lorsqu'ils sont employés comme verbes intransitifs, ils n'ont pas de complément direct, et leur participe ne varie point. Ainsi l'on dira sans accord : *Leurs fautes* nous **ont servi** *à les mieux connaître;* c'est-à-dire, ont servi *à nous* (complément indirect).

II. Les verbes *vivre, dormir, régner,* sont toujours considérés, quant à l'accord, comme verbes intransitifs, quoiqu'ils paraissent quelquefois être employés comme verbes transitifs; leur participe passé ne varie donc jamais. Exemples : *Les années* qu'*elle* **a vécu**; *les heures* qu'*ils* ont **dormi**; *les six ans* qu'*il* **a régné.** Le participe reste invariable comme s'il y avait : *Les années pendant lesquelles* elle a vécu; *les heures pendant lesquelles* ils ont dormi; *les six ans pendant lesquels* il a régné.

Exercice 237. *Appliquez les règles.*

Vous avez (*fait*) de grandes fautes; mais elles vous ont (*servi*) à vous connaître. — Ceux de nos gens qui nous ont fidèlement (*servi*) seront (*récompensé*). — La justice et la modération de nos ennemis nous ont plus (*nui*) que leur valeur. — Toutes les heures que vous avez (*dormi*), je les ai (*passé*) à écrire. — Où la guêpe a (*passé*) le moucheron demeure. — Etudiez la langue que Cicéron a (*parlé*). — Mes amis ont (*parlé*), les cœurs sont (*attendri*). — Madame, cette domestique vous a-t-elle fidèlement (*servi*) ? — Nous aimons notre bienfaiteur, parce qu'il nous a (*servi*) de père. — Elles ont (*pleuré*) longtemps. — Il a (*retrouvé*) les enfants qu'il avait tant (*pleuré*). — Je regrette les nombreuses années que j'ai (*vécu*) sans m'instruire. — Les peuples avaient été heureux durant les dix années qu'avait (*régné*) ce prince. — Ces messieurs ont (*couru*) toute la journée, et nous, nous avons bien (*travaillé*) pendant qu'ils ont (*parcouru*) toute la ville.

---

266. — PARTICIPE PASSÉ SUIVI D'UN INFINITIF. Le participe passé immédiatement suivi d'un infinitif varie si le pronom qui le précède est complément direct de ce participe; il ne varie pas si ce pronom est complément de l'infinitif.

1° Le pronom est complément direct du participe lorsqu'on peut, sans changer le sujet, remplacer l'infinitif par un autre temps de l'actif ou par un participe présent. Exemples :

Cette dame peint très-bien ; je L'ai VUE peindre.
Je LES ai ENTENDUS blâmer *cette action.*

(C'est-à-dire : *Je l'ai vue quand elle* peignait, ou *je l'ai vue* peignant ; *je les ai entendus, ils* blâmaient *cette action.*)

2° Le pronom est complément de l'infinitif, lorsque cet infinitif ne peut être remplacé que par un temps du verbe passif. Exemples :

Cette dame se fait peindre ; je L'ai VU peindre.
Je LES ai ENTENDU blâmer *par leurs parents.*

(C'est-à-dire : *J'ai vu qu'elle* était peinte ; *j'ai entendu qu'ils* étaient blâmés.)

267. — REMARQUES. I. Le participe *fait*, immédiatement suivi d'un infinitif, ne varie jamais. Exemples : *Les ordres que j'*ai **fait** exécuter ; *les maisons qu'il* a **fait** construire.

II. Le participe passé ne varie point, lorsqu'on sous-entend après ce participe un infinitif ou un verbe à un autre temps. Exemples : *Je lui ai rendu tous les services* que *j'*ai **pu** *et* que *j'ai* **dû** (sous-entendu, *lui rendre*). *J'ai fait toutes les commissions* qu'*il* a **voulu** (sous-entendu, *que je fisse*).

Mais on écrira : *Je vous ai payé toutes les sommes que je vous* ai **dues** ; *il veut fortement les choses qu'il* a *une fois* **voulues**, parce qu'il n'y a point d'infinitif sous-entendu à la suite du participe.

268. — Lorsque l'infinitif qui vient après le participe est précédé d'une préposition, il faut, comme dans les exemples précédents, voir si le pronom est complément direct du participe ou de l'infinitif.

S'il est complément du participe, le participe varie ; s'il est complément de l'infinitif, le participe ne varie pas. Exemples :

Il comprend la faute **qu'il a faite** d'être *parti sans vous avoir vu* ; c'est-à-dire, la faute *laquelle faute* il a *faite :* le pronom *que* est complément direct de *a faite.*

C'est la route **que** *j'ai* **résolu** de suivre ; c'est-à-dire, *laquelle route* je veux suivre. Je n'ai pas résolu *la route ;* j'ai résolu *de suivre la route :* ainsi le pronom *que* est complément direct de l'infinitif *suivre*, et non du participe *résolu.*

Exercice 238. *Appliquez les règles.*

Ces demoiselles chantent bien, je les ai (*entendu*) chanter. — Les airs que j'ai (*entendu*) chanter m'ont beaucoup (*plu*). — Je vous envoie les livres que vous avez (*paru*) désirer. — Ces messieurs faisaient du bruit, nous les avons (*fait*) sortir. — Voici les tables que j'ai (*fait*) faire ; je les ai (*fait*) peindre en noir. — Vous avez aimé votre prochain, si vous lui avez (*rendu*) tous les services que vous avez (*pu*), que vous avez (*dû*). — Elle m'a (*payé*) toutes les sommes qu'elle m'a (*dû*). — Ne faites rien qui ne soit digne des vertus que j'ai (*tâché*) de vous inspirer. — Ils étaient (*puni*) pour les maux qu'ils avaient (*laissé*) faire. — Ces messieurs ne sont plus ici ! Eh quoi ! vous les avez (*laissé*) partir ! — J'ai (*appelé*) mes enfants, je les ai (*envoyé*) acheter les livres dont ils ont besoin. — Il a (*eu*) de la cour toutes les grâces qu'il a (*voulu*). — Il veut fortement les choses qu'il a une fois (*voulu*). — Tels sont nos soldats, je les ai (*vu*) combattre l'ennemi. — La guerre ne se faisait point autrefois comme nous l'avons (*vu*) faire de nos jours. Nous demandons que tu pardonnes à ceux que tu avais (*résolu*) de faire mourir. — C'est la voie que j'ai tant (*désiré*) de vous voir suivre.

---

269. — **Participe passé précédé de le peu.** Le mot *le peu* a deux sens ; il signifie *la petite quantité*, ou bien il signifie *le trop peu, l'insuffisance, le manque.*

270. — Lorsque *le peu* signifie *la petite quantité*, il est collectif partitif, et c'est le nom qui le suit qui commande l'accord. Exemple : Le peu d'attention que *vous avez* **donnée** *à cette règle a suffi pour vous la faire comprendre.*

C'est le mot *attention* qui commande l'accord du participe *donnée*, parce que *le peu d'attention* signifie *la petite quantité d'attention, l'attention même en petite quantité.* Remarquez que le sens de la phrase est *positif :* on a donné de l'attention, puisque la règle a été comprise.

271. — Lorsque *le peu* signifie *le trop peu, l'insuffisance*, il est nom commun masculin, et il commande l'accord du participe. Exemple : Le peu d'attention que *vous avez* **donné** à *cette affaire est cause de l'embarras où vous vous trouvez.*

C'est-à-dire *l'insuffisance, le trop peu d'attention* que vous avez *donné*, etc. Remarquez que l'idée de la phrase a quelque chose de *négatif ;* vous n'avez pas donné d'attention ou vous n'en avez pas donné assez, et c'est là la cause de l'embarras où vous êtes.

272. — **Participes coûté, valu, pesé.** Les participes *coûté* et *valu* ne varient point lorsqu'ils sont employés dans le sens propre, c'est-à-dire pour exprimer l'idée de *prix*, de *valeur*. Exemples : *Je regrette les vingt mille francs* que *cette maison m'a* **coûté**, *parce qu'elle ne* les *a jamais* **valu.**

273. — Ces participes varient lorsqu'ils sont employés dans le sens figuré, c'est-à-dire pour exprimer l'idée de *causer*, de *procurer*. Exemples : Après tous les ennuis *que* ce jour m'a coutés (Racine), c'est-à-dire *m'a causés*. Ces honneurs, c'est mon rang qui me *les* a valus, c'est-à-dire *qui me les* a *procurés*.

274. — *Peser* est intransitif lorsqu'il signifie avoir un certain poids (Acad.). Dans ce cas, son participe passé ne varie pas : *Les cent kilogrammes que cette caisse a* **pesé**. Il est transitif lorsqu'il signifie *constater le poids* et quand il est employé dans le sens figuré : *Les sacs que cet homme a* **pesés**. *Ces raisons, je les ai* **pesées**.

Exercice 239. *Appliquez les règles.*

Le peu de confiance que vous m'avez (*témoigné*) m'a (*rendu*) le courage. — Le peu de confiance que vous m'avez (*témoigné*) m'a (*ôté*) le courage. — Les honneurs que j'ai (*reçu*), c'est mon habit qui me les a (*valu*). — J'ai payé ce cheval quatre cents francs ; je vous assure qu'il me les a (*coûté*). Et moi, je crois qu'il ne les a jamais (*valu*). — Que de pertes nous ont (*coûté*) ces orages continuels ! — Vous n'avez pas (*oublié*) les soins que vous m'avez (*coûté*) depuis votre enfance. — Le peu d'instruction qu'il a (*reçu*) le fait tomber dans mille erreurs. — Je ne vous parlerai point du peu de capacité que j'ai (*acquis*) dans les armées. — Le peu d'application que j'ai (*donné*) à l'étude de la géométrie m'a (*suffi*) pour n'être pas tout à fait novice dans cette science. — Le peu de sûreté que j'ai (*vu*) pour ma vie à retourner dans ce pays, m'a fait y renoncer pour toujours. — Replacez les caisses que vous avez (*pesé*). — Je ne me souviens plus si c'est bien deux cents kilogrammes que ces caisses ont (*pesé*). — Ces objections, je les ai (*pesé*) ; elles m'ont (*paru*) sérieuses. — Il regrette les mille francs que lui ont (*coûté*) ses deux voyages.

Cas où le participe passé est toujours invariable.

275. — Sont toujours invariables :

1° Les participes passés des verbes impersonnels ou employés comme tels (150 et 151) ; ex. : *La disette qu'*il y a EU ; *les grandes chaleurs qu'*il a FAIT.

2° Le participe passé placé entre deux *que :* ex. : *La lettre que j'ai* PRÉSUMÉ que *vous recevriez* (1).

3° Le participe passé ayant pour complément direct le pronom *le* rappelant l'idée d'un membre de phrase et signifiant *cela.* Ex. : *La flotte n'était pas aussi nombreuse qu'on* l'*avait* CRU ; c'est-à-dire, qu'on avait cru *cela*, qu'elle était nombreuse.

4° Le participe passé construit avec *avoir* et précédé du pronom *en* signifiant *d'eux, d'elles, de cela* et rappelant l'idée du complément direct. Ex. : *Il a beaucoup de livres, mais il* en *a* LU *seulement quelques-uns. Il a élevé plus de monuments que d'autres n'*en *ont* DÉTRUIT (2).

Exercice 240. *Appliquez les règles.*

Les chaleurs excessives qu'il y a (*eu*) ont (*causé*) beaucoup de maladies. — Les pluies qu'il a (*fait*) ont (*nui*) aux récoltes. — Occupez-vous enfin la place que j'ai (*présumé*) que vous obtiendriez. — Il a à lui seul (*fait*) plus d'exploits que d'autres n'en ont (*lu*). — Cette promenade est plus agréable que je ne l'avais (*cru*). — Que de fleurs il a (*fallu*) pour faire toutes ces couronnes ! — Il sait beaucoup de choses, il en a (*inventé*) quelques-unes. — Tout le monde m'a (*offert*) des services, et personne ne m'en a (*rendu*). — La chose était plus sérieuse que nous ne l'avions d'abord (*pensé*). — C'est en Égypte que l'on conçut une des idées les plus utiles qu'il y ait jamais (*eu*). — Idoménée a (*fait*) de grandes fautes ; mais cherchez dans les pays les mieux policés un roi qui n'en ait pas (*fait*) d'inexcusables. — Cette contrée est plus riche en blé et en fruits que je ne l'avais (*imaginé*).

Exercice 241. *Suite du précédent.*

Les mathématiques que vous n'avez pas (*voulu*) que j'étudiasse sont cependant fort utiles. — Que de graves conséquences a (*eu*) cette affaire ! que de maux il en et déjà (*résulté*) ! — Rappelez-vous, Athéniens, toutes les humiliations

(1) Le second *que* est conjonction, le premier est pronom, et il est complément direct non du participe, mais du verbe qui suit ce participe. En effet, cette phrase signifie : *J'ai présumé que vous recevriez la lettre*, et non *j'ai présumé la lettre.*

(2) Le pronom *en* n'est point complément direct du participe ; c'est le déterminatif du complément direct exprimé ou sous-entendu après le parti-

qu'il vous en a (*coûté*). — Cette querelle fut, comme nous l'avons (*vu*), l'unique cause de la mort de l'empereur Henri IV. — Les succès que vous avez (*prétendu*) que j'obtiendrais, n'ont point (*répondu*) à votre attente. — Baléazar est aimé des peuples; en possédant les cœurs, il possède plus de trésors que son père n'en avait (*amassé*) par son avarice cruelle. — Je me laissai enlever de l'hôtellerie, au grand déplaisir de l'hôte, qui se voyait par là sevré de la dépense qu'il avait (*compté*) que je ferais chez lui. — La crainte de faire des ingrats ou le déplaisir d'en avoir (*trouvé*), ne l'ont jamais (*empêché*) de faire du bien. (*Nota.* Dans cette phrase on parle d'une femme.)

Participe passé des verbes pronominaux.

276. — Dans les temps composés des verbes pronominaux on peut, comme nous l'avons dit (143), considérer l'auxiliaire *être* comme équivalant à un temps du verbe *être* accompagné du participe *ayant*. Ainsi : *Je me suis blessé* équivaut à *je suis ayant blessé moi*. En conséquence :

277. — Règle générale. Le participe passé des verbes pronominaux suit les mêmes règles que le participe passé des autres verbes qui prennent l'auxiliaire *avoir*.

Ainsi l'on écrira avec accord : *Elles se sont* **coupées** *à la main*; c'est-à-dire, *elles ont coupé* soi, elles-mêmes, *à la main*. Ici le pronom *se*, mis pour *elles*, est complément direct du participe.

Et l'on écrira sans accord : *Elles se sont* **nui**; c'est-à-dire, *elles ont nui* à soi, à elles-mêmes; *elles se sont* **coupé** *le doigt*; c'est-à-dire, *elles ont coupé* à soi, à elles-mêmes *le doigt*. Ici le pronom *se*, mis pour *à soi*, est complément indirect.

278. — Nous avons vu (page 90) qu'il y a deux sortes de verbes pronominaux : 1° les verbes *essentiellement* pronominaux, qui prennent le pronom *se* à l'infinitif, tels que *s'emparer*, *s'enfuir*, *s'en aller*; 2° et les verbes *accidentellement* pronominaux, qui ne prennent pas toujours le pronom *se* à l'infinitif, tels que *se blesser*, *se nuire*.

---

cipe. Dans le premier exemple, le complément direct est *quelques-uns*; ce complément est exprimé à la suite du participe, et la phrase signifie : *il a lu seulement* quelques-uns *d'eux*, de *ces livres*. Dans le second exemple, le complément direct est sous-entendu; le sens est celui-ci : *Il a élevé plus de monuments que d'autres n'ont détruit* certain nombre *de cela, de monuments*.

1° Le participe passé des verbes *essentiellement* pronominaux s'accorde avec le pronom *me*, *te*, *se*, etc., qui le précède, parce que ce pronom en est le complément direct ; exemples : *Les ennemis* **se** *sont* **enfuis**. *Mesdames, vous* **vous** *êtes* **emparées** *des meilleures places. Ces demoiselles s'en sont* **allées**.

Exception. Le verbe *s'arroger*, qui signifie *s'attribuer*, est le seul verbe essentiellement pronominal qui n'a pas pour complément direct le pronom *me*, *te* ou *se*, etc., qui le précède : on écrira donc : *Elles se sont* **arrogé** certains droits *qu'elles n'avaient pas* (*certains droits*, complément direct ; *se* pour *à soi*, complément indirect). *Les droits* **qu'***elles se sont* **arrogés** (*que*, pour *lesquels droits*, complément direct).

2° Le participe passé des verbes *accidentellement* pronominaux s'accorde avec le pronom *me*, *te* ou *se*, etc., qui le précède, si ce pronom, mis pour *moi*, *toi*, *soi*, etc., est complément direct ; et il ne s'accorde point avec ce pronom, s'il est mis pour *à moi*, *à toi*, *à soi*, etc. Exemples : *Ces messieurs* se *sont* **blessés** (ont blessé *soi*). *Nous* **nous** *sommes* **promenés** (nous avons promené *nous*). *Elles* **se** *sont* **nui** (elles ont nui *à soi*, *à elles*). *Nous* **nous** *sommes* **parlé** *longtemps* (nous avons parlé *à nous*).

Exercice 242. *Appliquez les règles.*

Ils se sont (*enfui*). — Ils se sont (*dit*) mille injures. — Ils se sont (*épargné*) l'un l'autre. — Ils se sont (*épargné*) bien des peines. — Nous nous sommes (*fait*) une loi de ne pas répondre à leurs attaques. — Telle est la loi que nous nous sommes (*fait*). — Mes enfants, vous vous êtes (*trompé*). — Ma fille, tu t'es (*préparé*) à partir, nous ne partirons pas. — Sept villes se sont (*disputé*) l'honneur d'avoir vu naître Homère. — Les élèves se sont (*attaché*) à leurs maîtres, et les maîtres se sont (*attaché*) à leurs élèves. — Elle s'est (*moqué*) de toutes les remontrances qu'on lui a (*fait*), de tous les avis qu'on lui a (*donné*). — Ils se sont (*arrogé*) ce privilége. — Tels sont les droits qu'ils se sont (*arrogé*). — Elle ne s'est pas (*abstenu*) de manger des fruits verts, et elle s'en est (*repenti*). — Elles se sont (*trouvé*) ensemble chez ma tante. — Elles se sont (*trouvé*) réciproquement des défauts. — Elle s'est (*trouvé*) en danger de mort. — Quelle humeur noire s'est (*emparé*) de toi depuis que je t'ai quitté ? — Les Français s'étaient (*ouvert*) une retraite glorieuse par la bataille de Fornoue.

279. — REMARQUES. I. Il suit de là que le participe passé d'un verbe accidentellement pronominal formé d'un verbe intransitif, ne varie jamais. Exemples : *Ils se sont* **ri** *de nos menaces. Elles* se *sont toujours* **plu** *à mal faire. De graves événements* se *sont* **succédé** *en peu de temps.*

II. Certains verbes accidentellement pronominaux sont considérés comme essentiellement pronominaux, parce qu'ils ont, sous cette dernière forme, une signification toute différente de celle qu'ils ont sous la forme simple ; tels sont *s'apercevoir* ou *s'aviser* d'une chose, *s'attaquer à*, *se douter de*, etc. (Voir 149). On écrira donc : *Elles* **se** *sont* **aperçues** *de leur maladresse. Ils* **se** *sont* **attaqués** *à moi. Nous* **nous** *sommes* **tus**.

III. Si le verbe pronominal a le sens du verbe passif, son participe s'accorde : *Cette maison* **s'***est* **bâtie** *en quinze jours ;* c'est-à-dire, *a été bâtie.*

IV. S'*imaginer* signifie imaginer *à soi*, figurer *à soi ;* se *persuader* signifie persuader *à soi ;* en conséquence, les pronoms *me*, *te*, *se*, etc., ne commandent point l'accord du participe de ces verbes. Exemples : *Elle* s'*est* **imaginé** ; *nous* nous *sommes* **imaginé**. *Ils* s'*étaient* **persuadé** *qu'on n'oserait les contredire* (Acad.).

Cependant, lorsque *se persuader* exprime une idée de réciprocité, le pronom *se* commande l'accord, parce qu'il signifie *soi* et non *à soi : Ils* **se** *sont mutuellement* **persuadés** *de la bienveillance de leurs intentions.*

Exercice 243. *Application des remarques précédentes.*

Elle s'est (*aperçu*) de l'erreur. — Ils se sont (*aperçu*) de l'erreur. — Ils s'étaient (*figuré*) que nous les attendrions. — La maison s'est (*écroulé*). — Les ennemis se sont (*saisi*) de la place. — Les poëtes épiques se sont toujours (*plu*) à décrire des batailles. — Ils s'en sont (*avisé*) trop tard. — Nous nous sommes (*plaint*) de vos procédés. — Elles s'étaient (*persuadé*) qu'on les approuverait. — Que d'amis se sont (*nui*) en cherchant à s'obliger mutuellement ! — Les événements s'étaient (*succédé*) avec rapidité. — Nous nous étions (*attendu*) à votre ingratitude. — Cette guerre s'est enfin (*terminé*). — Ne s'est-elle pas (*imaginé*) qu'on lui avait caché son livre ? — Elles se sont (*repenti*) de s'être (*attaqué*) à nous. — Ils se sont (*ri*) de nos projets.— Les élèves se sont (*tu*) dès que le maître a paru. — La réputation de ce grand peintre s'est (*accru*) de jour en jour. — Ils se sont mutuellement (*persuadé*) de leurs bonnes intentions l'un pour l'autre.

CHAPITRE VII

L'ADVERBE

280. — **Auparavant, alentour, dedans, dehors, dessus, dessous.** Ces adverbes ne doivent jamais être employés avec un complément, au lieu des prépositions *avant, autour de, dans, hors de, sur, sous*. Ainsi ne dites pas : *Auparavant lui, alentour de moi;* dites : *Avant lui, autour de moi.* Ne dites pas non plus : *Dedans la boîte, dehors la chambre, dessus la table, dessous la chaise;* dites : *Dans la boîte, hors de la chambre, sur la table, sous la chaise.*

281. — Mais après la préposition *de* il faut, au contraire, employer *dedans, dessus, dessous*, et non *dans, sur, sous*. Ainsi il faut dire : *Otez cela* de dessus *la table*, de dessous *le lit*, de dedans *le pupitre;* et non pas *de sur* la table, etc.

282. — **Davantage** signifie *plus* et *plus longtemps ;* exemple : *La science est estimable, mais la vertu l'est bien* davantage. *Ne restez pas* davantage.

283. — Cependant *plus* et *davantage* ne s'emploient pas toujours l'un pour l'autre. *Davantage*, d'après l'usage actuel, ne peut avoir de complément. Ainsi l'on ne dit plus : *Vous avez de la prudence, mais j'en ai* davantage *que vous*.

On ne peut pas non plus s'en servir pour modifier un adjectif. Ainsi, l'on ne dit pas : *Il est* davantage *habile*, davantage *honoré;* on ne dit pas non plus : *Il a* davantage de *brillant que de solide; j'en ai* davantage que *lui*. On dit : *Il est* plus *habile*, plus *honoré. Il a* plus de *brillant que de solide; j'en ai* plus que *lui*.

284. — En outre, l'adverbe *davantage* ne peut pas s'employer dans le sens de *le plus;* ainsi ne dites pas : *Cette distinction est celle qui le flatte* davantage ; dites : *Qui le flatte* le plus.

Exercice 244. *Des deux mots entre parenthèses, choisissez celui qui convient.*

J'irai le voir (*avant* ou *auparavant*) qu'il parte. — Il n'y a aucun éléphant domestique qui n'ait été sauvage (*avant* ou *auparavant*). — N'exigeons pas le prix (*avant* ou *auparavant*) la victoire, ni le salaire (*avant* ou *auparavant*) le travail. — Une bande de loups s'était approchée de notre habitation et rôdait (*autour* ou *alentour*) pendant la nuit. — J'ignorais les événements qui se passaient (*autour* ou *alentour*) de moi. — Je le croyais (*dehors* ou *hors de*) la maison ; il était (*dans* ou *dedans*). — Ce terme ne peut entrer (*dans* ou *dedans*) le style élevé. — Voyez (*sur* ou *dessus*) la table ; cherchez (*sur* ou *dessus*) et (*sous* ou *dessous*). — Parmi les animaux, il y en a qui vivent (*sur* ou *dessus*) la terre, d'autres (*dans* ou *dedans*) l'air et (*dans* ou *dedans*) l'eau, d'autres (*sous* ou *dessous*) la terre. — On a tiré cela de (*sous* ou *dessous*) la table. — Je ne le connais pas (*davantage* ou *plus*) que vous ne le connaissez. — Le cadet est riche, mais l'aîné l'est (*davantage* ou *plus*). — De tous les arts, la musique est celui que j'aime (*davantage* ou *le plus*). — Vous êtes pressé, ne restez pas (*davantage* ou *plus*). — Celui à qui elle a fait (*davantage* ou *le plus*) de bien, est celui de qui elle a reçu (*davantage* ou *le plus*) d'outrages.

---

285. — **Aussi et si.** L'adverbe *aussi* exprime la comparaison ; l'adverbe *si* exprime l'extension et signifie *tellement, à tel point.* Par conséquent, dans les comparaisons, il faut employer *aussi* et non *si.* Ne dites pas : *Nous sommes* **si** *fatigués que vous ;* dites : *Nous sommes* **aussi** *fatigués que vous.*

286. — Cependant, avec une négation, on peut employer *si*, au lieu de *aussi*, dans les comparaisons ; exemple : *Il n'est* pas **si** *riche que vous* (Acad.).

287. — **Ne.** C'est une faute que d'employer la négation *ne* après les locutions *avant que* et *sans que ;* ne dites pas : *J'irai le voir* avant *qu'il* ne *parte ; je ne puis parler* sans qu'*on* ne *m'interrompe ;* dites : *Avant qu'il parte ; sans qu'on m'interrompe.*

288. — **Plus et mieux.** *Plus* exprime l'idée d'une quantité plus grande ; *mieux* exprime une idée de perfection. Il faut donc dire, quand on ne veut exprimer que l'idée de quantité : *Il a* plus *de vingt francs,* et non pas, il a *mieux que* vingt francs. Surtout ne dites jamais : Il a *mieux* de vingt francs.

289. — **Plus tôt et plutôt.** *Plus tôt,* en deux mots, exprime une idée de temps ; c'est l'opposé de *plus tard : J'arriverai* plus tôt *que vous.*

Plutôt, en un seul mot, exprime une idée de préférence : *Je choisirai* plutôt *celui-ci.*

Exercice 245. *Comme le précédent.*

Il marchait (*si* ou *aussi*) vite que je ne pus l'atteindre. —

Il est (*si* ou *aussi*) sage que vaillant. — Je ne connus jamais un (*si* ou *aussi*) brave homme. — L'amitié est une chose (*si* ou *aussi*) précieuse, qu'il ne faut pas la prodiguer. — Le devoir est (*si* ou *aussi*) ancien que l'homme. — Jamais un repos (*si* ou *aussi*) profond ne précéda un trouble (*si* ou *aussi*) grand. — Je quitterai la campagne avant qu'il (*fasse* ou *ne fasse*) froid. — Avant qu'on (*le* ou *ne le*) punisse il doit être écouté. — Eh ! peut-on être heureux sans qu'il (*en* ou *n'en*) coûte rien ? — Il l'a fait sans qu'on (*le* ou *ne le*) lui ait dit. — C'est une terre qui vaut (*plus* ou *mieux*) de cent mille francs. — Je prendrai (*plus tôt* ou *plutôt*) celui-ci que celui-là. — Il était venu (*plus tôt* ou *plutôt*) que moi. — Son procès sera jugé (*plus tôt* ou *plutôt*) que le mien. — Si vous ne voulez pas m'en croire, voyez (*plus tôt* ou *plutôt*) vous-même.

CHAPITRE VIII

LA PRÉPOSITION

290. — **Au travers et à travers.** *Au travers* doit être suivi de la préposition *de* : **Au travers des** *ennemis*.

A travers n'en est pas suivi : **A travers** *les ennemis*.

291. — **Entre et parmi.** *Entre* se dit de l'espace qui sépare deux personnes ou deux choses : *Mettez-vous* **entre** *lui et moi* ; **entre** *Paris et Rouen*. Il exprime aussi la réciprocité : *Ils s'aident* **entre** *eux*, et s'emploie en outre pour signifier *au milieu de*, *dans le nombre de* : *Il fut trouvé* **entre** *les morts* (Acad.).

Parmi ne signifie que *dans le nombre de*, *au milieu de*, et ne peut s'employer que devant un pluriel ou devant un nom collectif : **Parmi** *les blessés*, **parmi** *la foule*.

292. — **En campagne, à la campagne.** *En campagne* signifie en voyage ou hors de chez soi pour affaires, en mouvement, surtout en parlant des troupes. Exemples : *Il s'est mis* **en campagne** *pour découvrir la demeure de cette personne* (Acad.). *Les armées sont* **en campagne**.

A la campagne signifie *aux champs*, par opposition à la ville. Exemple : *Il demeure* **à la campagne**.

293. — **Près de et prêt à.** *Près de*, suivi d'un infinitif, signifie *sur le point de* : *La guerre est* **près d'***éclater*.

Prêt à signifie *disposé à : Il est toujours* **prêt à** *s'admirer.*

Ne confondez donc pas ces deux expressions ; ne dites point, par exemple : *Ce mur est* prêt à *tomber ;* dites : Ce mur est *près de* tomber.

294. — Quant et **quand.** *Quant à* est une préposition qui signifie *à l'égard de, pour ce qui est de.* Exemple : **Quant à** *vous, je vous plains.*

Quand est une conjonction et signifie *lorsque* ou *à quelle époque.* Exemples : **Quand** *il fut arrivé ;* **quand** *viendra-t-il ?*

295. — Voici, voilà. *Voici* annonce ce que l'on va dire. Exemple : **Voici** *ce que dit le Seigneur : Aimez-vous les uns les autres.*

Voilà indique ce que l'on vient de dire. Exemple : *Craignez Dieu, observez sa loi :* **voilà** *toute la sagesse.*

Voici s'emploie en outre pour indiquer l'objet le plus proche, et *voilà* pour l'objet le plus éloigné : **Voici** *votre livre et* **voilà** *le mien.*

Exercice 246. *Comme le précédent.*

Ils passèrent (*au travers* ou *à travers*) les vaisseaux ennemis. — Nous passâmes (*au travers* ou *à travers*) des écueils. — On ne voyait le soleil qu'(*au travers* ou *à travers*) les nuages. — Il se jeta (*entre* ou *parmi*) ces deux hommes qui se battaient. — Il se mêla (*entre* ou *parmi*) eux. — (*Entre* ou *parmi*) toutes les merveilles de la nature, il n'en est point de plus admirable. — Le mérite de la bonté est d'être bon (*entre* ou *parmi*) les méchants. — Est-il permis de brouiller (*entre* ou *parmi*) eux ses ennemis ? — Les troupes se mettront bientôt (*en* ou *à la*) campagne. — Monsieur n'habite point Paris l'été ; dès le mois d'avril il va demeurer (*en* ou *à la*) campagne. — Il a mis bien des gens (*en* ou *à la*) campagne pour le succès de cette affaire. — C'est un homme qui est toujours (*près de* ou *prêt à*) bien faire. — Il n'est pas (*près de* ou *prêt à*) finir. — Je suis (*près de* ou *prêt à*) vous entendre. — On ne connaît l'importance d'une action que quand on est (*près de* ou *prêt à*) l'exécuter. — J'irai vous voir (*quand* ou *quant*) je pourrai. — (*Quant* ou *quand*) à lui, je veux bien oublier ses torts. — (*Quand* ou *quant*) viendra l'accomplissement de vos promesses ? — (*Quand* ou *quant*) à nos moyens d'existence, à défaut de richesses nous avons nos bras. — Du pain, du fromage ou des fruits, (*voici* ou *voilà* son déjeuner de tous les jours. — Vous lui remettrez cette lettre et ce paquet ; (*voici* ou *voilà*) tout.

CHAPITRE IX

LA CONJONCTION

296. — **Comme.** Quand il y a comparaison, il ne faut pas se servir de la conjonction *comme*, à la place de la conjonction *que*. Ne dites pas : *Je suis aussi fort* **comme** *lui*; dites : *Je suis aussi fort* **que** *lui*.

297. — **Ni.** Il ne faut jamais placer cette conjonction devant la préposition *sans*. Ainsi ne dites pas : *Sans peine* **ni** *sans travail*; dites : *Sans peine* **ni** *travail*, ou *sans peine* **et** *sans travail*.

298. — **Parce que** et **par ce que.** *Parce que*, en deux mots, est une locution conjonctive qui signifie *par la raison que*. Exemple : *On ne le croit pas*, **parce qu'***il dit souvent des mensonges*.

Par ce que, en trois mots (*par*, préposition, *ce* et *que*, pronoms), est une locution qui signifie *par la chose que*, *d'après la chose ou les choses que*. Exemple : **Par ce que** *je sais déjà de lui, je me méfie de ses intentions*.

299. — **Quoique** et **quoi que.** *Quoique*, en un seul mot, est une conjonction signifiant *bien que*. Exemple : **Quoique** *pauvre, il est honnête*.

Quoi que, en deux mots, qui sont deux pronoms, signifie *quelle que soit la chose que*. Exemple : **Quoi que** *vous disiez*; c'est-à-dire, *quelle que soit la chose que vous disiez*.

300. — REMARQUE. *Malgré que* ne se dit plus (1) ; au lieu de **malgré qu'***il soit fort*, dites : **Quoiqu'***il soit fort*.

Exercice 247. *Comme le précédent*.

J'arriverai aussitôt (*comme* ou *que*) vous. — La chair des chèvres n'est jamais aussi bonne (*comme* ou *que*) celle du mouton. — Il trouve sa nourriture sans peine (*et* ou *ni*) sans travail. — Il trouve sa nourriture sans peine (*ni sans* ou *ni*) travail. — Je le veux (*parce que* ou *par ce que*) cela est juste.

(1) Excepté dans cette solution : *Malgré qu'il en ait, malgré qu'on en ait*, dont le sens est *en dépit de*.

— (*Parce que* ou *par ce que*) vous faites, je vois que vous êtes sûr de réussir. — (*Parce que* ou *par ce que*) vous dites, je vois bien que vous avez raison. — Il a été puni (*parce que* ou *par ce que*) il a mal fait. — Il revint (*quoique* ou *quoi que*) on l'eût mal reçu. — (*Quoique* ou *quoi que*) il en soit, vous avez tort. — (*Quoique* ou *quoi que*) vous en disiez, cela est bien. — Ceux qui ne s'occupent à (*quoique* ou *quoi que*) ce soit d'utile, me paraissent fort méprisables. — (*Malgré que* ou *quoique*) il soit peu riche, il est généreux. — (*Malgré que* ou *quoique*) il en ait, nous savons son secret.

CHAPITRE X

PONCTUATION

301. — La *ponctuation* a pour but de distinguer, au moyen de signes particuliers, les phrases et les différents membres dont elles se composent.

Ces signes sont au nombre de six : la *virgule* (,), le *point-virgule* (;), les *deux-points* (:), le *point* (.), le *point d'interrogation* (?) et le *point d'admiration* ou *d'exclamation* (!). La virgule est le signe le plus faible ; le point est le signe le plus fort.

302. — Virgule. La virgule (,) sert à séparer les noms, les pronoms, les adjectifs, les verbes qui se suivent.

Exemples : *La candeur, la docilité, la simplicité sont les vertus de l'enfance. — La charité est douce, patiente, bienfaisante. — Charles pleure, crie, s'agite.*

303. — Remarque. On ne met pas de virgule entre deux noms, deux adjectifs, deux pronoms ou deux verbes joints immédiatement par l'une des conjonctions *et*, *ni*, *ou*.

Exemples : *La candeur et la docilité sont les vertus de l'enfance. — La charité est douce et bienfaisante. — Charles crie et s'agite.*

304. — On sépare aussi par une virgule les phrases de peu d'étendue et formant chacune un sens complet. Exemple : *Je suis venu, j'ai vu, j'ai vaincu.*

305. — On met une virgule après le mot qui désigne la personne ou les personnes auxquelles on adresse la parole. Exemples : *Charles, viens ici. — Messieurs, taisez-vous.*

REMARQUE. Si ce mot est placé dans la phrase même, on le fait précéder aussi d'une virgule. Ex. : *Vous, Charles, restez. — Je dis, messieurs, qu'il faut obéir.*

Exercice 248. *Emploi de la virgule.*

Les Tyriens sont industrieux patients laborieux propres sobres et ménagers. — Nous avons parcouru la Suisse l'Italie l'Espagne et le Portugal. — Je l'appelle il accourt. — Mentor alla dans cette caverne trouva les instruments abattit les peupliers et mit en un jour un vaisseau en état de voguer. — N'oubliez pas mon fils tous les soins que j'ai pris pour vous rendre sage. — Mon cher Mentor pourquoi ai-je refusé de suivre vos conseils ? — Il était doux tranquille patient toujours prêt à écouter les autres et à profiter de leurs conseils. — Un champ fertile et bien cultivé est le vrai trésor d'une famille assez sage pour vouloir vivre frugalement. — Un jeune homme poli affable studieux est aimé de tout le monde. — Le brave ne se connaît que dans la guerre le sage dans la colère l'ami dans le besoin. — Il sait régler ses goûts ses travaux ses plaisirs. — Les plaisirs de l'esprit la tranquillité de l'âme la joie la satisfaction intérieure se trouvent aussi souvent à la suite d'une médiocre fortune que dans le cortége des rois. — Son action n'avait rien d'impétueux ni de précipité. — Aussitôt je me trouble je pleure je m'emporte. — De votre nom Joas je puis donc vous nommer.

306. — POINT-VIRGULE ET DEUX-POINTS. Le point-virgule (;) se met :

1° Entre les phrases d'une certaine étendue et liées par le sens. Exemples : *La douceur est, à la vérité, une vertu; mais elle ne doit pas dégénérer en faiblesse.*

2° Entre les parties semblables d'une même phrase, quand ces parties sont elles-mêmes déjà subdivisées par la virgule. Exemple : *Vante-t-on dans un poëte la vigueur de l'âme, les sentiments sublimes, c'est Corneille; la sensibilité du cœur, le style tendre et harmonieux, c'est Racine; la molle facilité, la négligence aimable, c'est La Fontaine.*

307. — On met les deux points (:) :

1° Après une phrase qui annonce une citation ou les paroles d'une autre personne. Exemple : *Pythagore a dit : Mon ami est un autre moi-même.*

2° Après une phrase annonçant une énumération, ou entre

l'énumération elle-même et la phrase qui la suit. Exemple : *Voici ce qu'il vous faut : des livres, du papier et des plumes.*

Exercice 249. *Emploi de la virgule, du point-virgule et des deux points.*

Des eaux tombent des hautes montagnes où leurs réservoirs sont placés elles s'assemblent en gros ruisseaux dans les vallées. — L'homme sage a toujours trois cuisiniers qui assaisonnent les plus simples mets la sobriété l'exercice le contentement de lui-même. — Tout représentait la paix l'abondance les délices tout paraissait riant et heureux. — Du lait du pain des fruits de l'herbe une onde pure c'était de nos aïeux la saine nourriture. — J'ai connu un médecin qui disait Il est plus aisé de prévenir une maladie que de la guérir. — Il est aisé de rendre domestiques des oiseaux pesants tels que les coqs les dindons et les paons mais ceux qui sont légers et dont le vol est rapide demandent plus d'art pour être subjugués. — Alors Narbal me dit Vous voyez Télémaque la puissance des Phéniciens. — Nous considérions avec plaisir les creux vallons où des troupeaux de bœufs mugissaient dans les gras herbages le long des ruisseaux les moutons paissant sur le penchant d'une colline les vastes campagnes couvertes de jaunes épis riches dons de la féconde Cérès enfin les montagnes ornées de pampres et de grappes d'un raisin déjà coloré qui promettait aux vendangeurs les doux présents de Bacchus pour charmer les soucis des hommes.

308. — Point, point d'interrogation et point d'admiration. Le point (.) se met à la fin des phrases quand le sens est entièrement fini. Exemple : *Le mensonge est le plus bas de tous les vices.*

309. — Le point d'interrogation (?) se met à la fin des phrases qui expriment une demande. Exemples : *Que voulez-vous ? — Qui a dit cela ?*

310. — Le point d'admiration (!) se met après les interjections et après les phrases qui expriment l'admiration, la surprise, la terreur, la pitié, etc. Exemples : *Ah ! que cela est beau ! — Que Dieu est bon ! — Qu'il est doux de servir le Seigneur !*

Exercice 250. *Emploi de tous les signes de ponctuation.*

Le beau chêne que voilà mes amis Comme son ombrage s'étend à propos pour nous garantir des traits du soleil Voyez quel nombre infini de glands attachés à ses branches Vous savez bien quel est l'animal qui se régale de ce fruit Mais ne pensez pas que le chêne majestueux ne soit bon à autre chose qu'à lui fournir des provisions Il est d'un plus grand usage pour nous ainsi que je vous le dirai tout à l'heure Mais laissez-moi d'abord contempler un moment cet arbre superbe je ne puis me rassasier de le voir Avec quelle fierté sa tête s'élève dans les airs Et sa tige trois hommes en se tenant par la main ne sauraient l'embrasser Il pousse chaque année des milliers de rameaux et des millions de feuilles Il a de grandes racines qui s'enfoncent bien avant dans la terre et qui s'étendent au loin autour de lui Elles le soutiennent contre les violentes tempêtes que son front est obligé d'essuyer. C'est aussi par ses racines que la terre le nourrit et entretient la fraîcheur et la vie dans tous ses membres énormes.

Eh bien Henri n'est-ce pas une chose bien admirable que ce grand arbre soit sorti d'une petite semence Regardez en voici un tout jeune Il est si petit Charlotte que vous aurez la force de l'arracher vous-même Tenez voyez-vous voilà le gland encore attaché à sa racine C'est pourtant ainsi que sont venus tous les arbres qui peuplent cette belle forêt que nous traversâmes l'autre jour dans notre voyage.

CHAPITRE XI

LOCUTIONS VICIEUSES

311. — A. Il ne faut point employer la préposition *à* au lieu de la préposition *de* pour marquer la possession. Dites : *La maison* de *mon oncle, c'est la fête* de *mon père ;* et non *la maison* à *mon oncle, la fête* à *mon père.*

Agir. Ne mettez jamais *en* devant ce verbe ; dites : *Il a bien* agi *avec moi* ou *envers moi*, et non pas *il* en *a bien agi.*

Après. Cette préposition signifie *à la suite de.* Ne dites donc pas : *Vous avez un accroc* après *votre habit, la clé est* après *la porte* ; dites : *Un accroc* à *votre habit, la clé est* à *la porte.*

Après indique aussi le rapport qui existe entre des objets dont l'un tend à s'approcher de l'autre, à se trouver auprès. Il s'emploie dans ce sens avec certains verbes, tels que *courir*, *soupirer*, *attendre*, etc. : *Les chiens courent* après *le lièvre* (Acad.). *Il soupire* après *cette succession* (Acad.). *Il y a longtemps qu'on attend* après *vous* (Acad.).

Casuel. Cet adjectif signifie *qui arrive par hasard, qui peut arriver ou n'arriver pas.* Il s'emploie aussi comme nom pour désigner un revenu ou un gain accidentel. Exemple : *Il a six cents francs de traitement fixe et environ six cents de* **casuel**. Mais jamais *casuel* ne signifie *qui peut se casser*. Il faut donc dire : *Un objet fragile*, et non *un objet casuel.*

Conséquent. Cet adjectif exprime une idée de liaison, de suite, de conformité ; mais il n'a jamais signifié *important*, *considérable*. On fait donc une faute très-grossière lorsqu'on dit : *C'est une propriété* conséquente, *cette somme est* conséquente ; il faut dire : *C'est une propriété* considérable, *cette somme est* importante.

Éviter. Ce verbe signifie fuir, esquiver quelque chose de nuisible, de désagréable (Acad.). Il ne faut donc point lui donner le sens d'*épargner ;* ainsi ne dites point : *Je vous* éviterai *cette peine ;* dites : *Je vous* épargnerai *cette peine.*

Fixer. Attacher, affermir, arrêter, établir (Acad.) ; exemple : Fixer *une chose au moyen d'un clou.* On dit fort bien : Fixer *ses regards sur quelqu'un,* c'est-à-dire *arrêter* ses regards sur quelqu'un ; mais le verbe *fixer* tout seul ne signifie jamais *regarder*. Ne dites donc pas, en parlant de quelqu'un : *Je l'ai* fixé *longtemps, je l'ai bien reconnu;* dites : *Je l'ai* regardé *longtemps.*

Fortuné. Cet adjectif signifie *heureux* ou *qui donne le bonheur ;* mais il ne signifie point *riche*, *qui a de la fortune*. Vous direz donc : *Cet homme est* riche, et non *cet homme est* fortuné.

Matinal, matineux, matinier. Il ne faut pas confondre ces mots. *Matinal* signifie qui s'est levé de bonne heure ; *matineux*, qui a l'habitude de se lever matin ; *matinier*, qui est du matin, comme *étoile matinière* (Acad.).

Midi, minuit. Substantifs masculins toujours du singulier. En conséquence, il faut dire : *Sur* le *midi*, *sur* le *minuit ;* et non *sur* les *midi*, *sur* les *minuit.*

Dites aussi : *Midi* est *sonné*, et non *midi* a *sonné.*

Observer. Ce verbe signifie *remarquer*, et l'on doit l'employer absolument de même. Ne dites donc jamais : *Je vous* observe que *cela me déplaît ;* car vous ne diriez point : *Je vous* remarque que *cela me déplaît ;* dites : *Je vous* fais observer ou *je vous* prie d'observer *que cela me déplaît ;* comme vous diriez : *Je vous* fais remarquer ou *je vous* prie de remarquer, etc.

Plaire : Ce qui plaît, ce qu'il plaît. *Ce qui plaît*, c'est ce qui est agréable ; *ce qu'il plaît* signifie ce que l'on veut. *Cet enfant ne fait que* ce qui *lui plaît ;* c'est-à-dire ne fait que ce qui lui est agréable ; *cet enfant fait tout ce qu'*il *lui plaît ;* c'est-à-dire tout ce qu'il veut, tout ce qui lui passe par la tête.

Se rappeler. Le verbe *rappeler* signifie *appeler de nouveau : se rappeler* veut donc dire littéralement *appeler de nouveau, faire revenir* dans son esprit. La chose que l'on rappelle est complément direct et non complément indirect. Ne dites donc pas : *Je me rappelle* de cela, *je m'*en *rappelle parfaitement;* dites : *Je me rappelle* cela, *je me* le *rappelle parfaitement.*

312. — *Enfin, ne dites pas :*	*Dites :*
Allez vous changer............	Allez changer de vêtements
Dernier adieu..................	Denier à Dieu (1)
Donnez-moi-s-en................	Donnez-m'en
Menez-m'y, *ni* menez-moi-s-y..	Menez-y-moi (*Acad.*), *et mieux*, Je vous prie de m'y mener, *ou* Veuillez m'y mener
J'espère que j'ai bien travaillé (2)	J'aime à croire que j'ai bien travaillé
Je vous demande excuse.......	Je vous demande pardon, *ou* Je vous fais mes excuses
Il jouit d'une mauvaise santé (3).	Il a une mauvaise santé
Je me suis en allé............	Je m'en suis allé
J'y vas, je m'en y vas.........	J'y vais
J'en deviens...................	J'en viens
La semaine qui vient.........	La semaine prochaine
L'idée lui a pris..............	L'idée lui est venue
Je vais promener.............	Je vais me promener
Je vous promets que je dis la vérité (4)	Je vous assure que je dis la vérité
Remplir un but...............	Atteindre un but
Rétablir le désordre..........	Rétablir l'ordre
Rue passagère................	Rue passante
Sucrez-vous..................	Sucrez votre café, votre thé
J'ai lu sur le journal..........	J'ai lu dans le journal
Tant pire.....................	Tant pis
Tendresse des légumes, etc....	Tendreté
Tête d'oreiller................	Taie d'oreiller
Un quelqu'un, un chacun......	Quelqu'un, chacun
Des plantes venimeuses.......	Des plantes vénéneuses
En définitif...................	En définitive
Où restez-vous ?..............	Où demeurez-vous ?

(1) *Denier à Dieu*, arrhes d'un marché.

(2) *Espérer* se dit pour une chose à venir, et non pour une chose passée.

(3) Il n'y a pas de locution plus ridicule, car on ne peut pas jouir d'une mauvaise chose.

(4) On promet pour l'avenir, et non pour le moment où l'on parle.

(5) *Vénéneux* se dit des plantes; *venimeux* se dit des animaux.

FIN

TABLE DES MATIÈRES

PREMIÈRE PARTIE

DEUXIÈME PARTIE — ÉLÉMENTS DE SYNTAXE

FIN DE LA TABLE.

Paris. — Typ. Rouge frères, rue du Four-St-Germain, 43.

www.ingramcontent.com/pod-product-compliance
Lightning Source LLC
Chambersburg PA
CBHW052050090426
42739CB00010B/2118